Gerhard Fürsatz
Der Horizont des Lebens

Die Vergänglichkeit und Unvergänglichkeit des Seins

Gerhard Fürsatz

Der Horizont des Lebens

Die Vergänglichkeit und Unvergänglichkeit des Seins

Re Di Roma-Verlag

Bibliografische Information der Deutschen Nationalbibliothek:
Die Deutsche Nationalbibliothek verzeichnet diese Publikation in der Deutschen Nationalbibliografie; detaillierte bibliografische Daten sind im Internet über http://dnb.ddb.de abrufbar.

ISBN 978-3-86870-376-4

www.rediroma-verlag.de
14,95 Euro (D)

Dieses Buch ist
meinem Vater (†2000),
meiner Mutter (†2009),
meinem Bruder Werner (†2010)
und meiner Schwester Inge
gewidmet.

Über das Leben, die Menschen, den Tod, das Jenseits
und die Wahrscheinlichkeit eines Weiterlebens der Seele.

INHALT

EINLEITUNG

Der Begriff „Horizont“ stammt aus dem Griechischen und bedeutet so viel wie Gesichtskreis. Darunter versteht man die entfernte Grenzlinie zwischen der sichtbaren Erde (oder dem Wasser) und dem Himmel. Genau genommen würde die Grenzlinie zwischen Wasser und Himmel ja „die Kimm“ heißen, aber das wird vermutlich nur die Seeleute interessieren. Wenn man sich in der Natur an einer geeigneten Lichtung befindet und seinen Blick in die Ferne schweifen lässt, kann man an klaren Tagen bis zum Horizont sehen. Und für die meisten von uns hat dieser Anblick etwas sehr Beeindruckendes. Sowohl am Meer als auch in den Bergen ist er mit dem Gefühl von grenzenloser Freiheit verbunden.

Wer sich auf diese Weise umblickt, kann manchmal auch die bekannteste atmosphärische Erscheinung - einen Regenbogen - sehen. An der Außenseite ist er meistens rot, darauf folgen ein zartes Orange, Gelb, Grün, Blau und Violett mit fließenden Übergängen. Er ist nur sichtbar, wenn bei Regen die Sonne scheint, aber nicht allzu hoch steht. Dann bricht sie sich in den Regentropfen. Die Chancen auf ein solches Ereignis sind in den Stunden vor dem Sonnenuntergang am größten. Und angeblich hat so mancher am Fuße des Regenbogens schon eine Schale mit Gold gefunden. Man sagt aber auch, dass der Regenbogen als Zeichen für die Verbundenheit Gottes mit den Menschen gilt.

Das Leben eines Menschen kann man mit einer Wanderung vergleichen, die er bei der Geburt antritt und mit dem Erreichen des Horizonts beendet. Dabei überschreitet er am Höhepunkt seines Lebens als Scheitelpunkt den Zenit, was aus dem Arabischen kommend so viel wie Weg, Straße, Richtung bedeutet. Und Konfuzius meint aus gutem Grund: „Der Weg ist das Ziel.“ Ein Leben im Einklang mit der Umwelt und in der Einheit mit dem Universum, in dem jeder Augenblick bewusst wahrgenommen wird, ist bestimmt ein gutes Vorhaben für das Leben. Dazu Leonid Tolstoi: „Wenn wir, solange wir leben, dem Weg der Freude folgen, werden wir am Ende eins mit diesem Weg.“

Bereits im Jugendalter ist es wichtig, den eigenen Lebensweg zu finden und sich zu individualisieren. Wenn die Eltern dabei von Erziehern zu Beratern werden, hilft das dem jungen Menschen entscheidend, seine eigene Persönlichkeit zu entwickeln und seine Ziele und Neigungen zu verfolgen. Dazu muss aber die Eigenverantwortung bereits im Kindesalter entsprechend gefördert werden. Mit der Suche nach dem richtigen Lebensweg ist auch untrennbar die Frage nach dem Sinn des Lebens verbunden. Und die meisten finden heutzutage diesen Sinn im Erlangen materiellen Reichtums. Nur die Wenigsten bedenken allerdings, wie vergänglich dieser doch ist. Finanzielle oder gesundheitliche Schicksalsschläge können praktisch über Nacht alles verändern.

Eine erfolgreiche Partnerschaft zu führen und vielleicht auch eine Familie zu gründen, erscheint da vergleichsweise als lohnenderes und vor allem nachhaltigeres Ziel. Aber auch nur dann, wenn dieses Vorhaben nicht als gesellschaftliches Prestigeobjekt geplant oder gesehen wird. Tatsächlich spricht nichts gegen Wohlstand und familiäres Glück, wenn diese Ziele nicht auf verbissene und berechnende Weise mit einem fixen Zeitplan verfolgt werden.

Für das Leben und seine Phasen gibt es zahlreiche Sinnbilder. Zum Beispiel jeder Tag mit dem Morgen, Mittag, Abend und der Nacht. Aber auch der Mond mit seinem monatlichen Rhythmus lässt sich wie das Jahr mit Frühjahr, Sommer, Herbst und Winter mit einem Lebenszyklus vergleichen. So kann man das Leben auch als Pilgerfahrt mit vielen Stationen sehen. Schließlich werden die Lebensphasen vom Rhythmus der Jahreszeiten und den regelmäßig wiederkehrenden Tierkreiszeichen und Planeten bestimmt. Danach richteten sich bereits die alten Babylonier.

Die Astrologie ordnet die Wendepunkte der verschiedenen Lebensphasen den Planeten Jupiter, Saturn, Uranus, Neptun und Pluto zu. Auf diese Weise gibt uns das Universum immer wieder Impulse und Gelegenheiten zur Neuorientierung und dem Einschlagen einer besseren Richtung. Das heißt, dass unsere individuellen und persönlichen Ziele von den Lebensphasen bewusst und unbewusst sowie gewollt und ungewollt beeinflusst werden.

Ein uralter spiritueller Lebensweg ist auch jener der Schamanen. Aus der tungunischen Sprache übersetzt bedeutet Schamanismus etwa so viel wie „wissend“ oder „Wissender.“ Diese Menschen verfügen über ein grundlegendes Element ihrer Tradition, das sie als die „schamanische Reise“ bezeichnen. Mit einer Veränderung des Bewusstseinszustandes anhand von Trommeln, Rasseln, Räucherwerk und halluzinogenen Pflanzen, Tanz und dem gezielten Einsatz der Stimme versuchen die Schamanen, in andere Welten zu reisen. Ihr Ziel ist es, dort mit ihren Ahnen Kontakt aufzunehmen, Krankheiten zu heilen oder zwischen der Natur und dem Menschen zu vermitteln.

Im Christentum ist von einem breiten und einem schmalen Lebensweg die Rede: „Geht ein durch die enge Pforte! Denn weit ist die Pforte und breit der Weg, der ins Verderben führt; und viele sind es, die da hineingehen. Denn eng ist die Pforte und schmal der Weg, der zum Leben führt; und wenige sind es, die ihn finden“ Matthäus 7, 13+14. Der christliche Lebensweg hat einen Beginn und ein Ziel. Als Anfang wird die Bekehrung und Umkehr und als Ziel Gottes Plan, den die Menschen zu erfüllen haben, gesehen. Es heißt, wenn wir diesen Weg in der Gemeinschaft mit Jesus Christus gehen, wird alles zu unserem Besten werden.

Doch irgendwann ist jeder Weg zu Ende - für jene, die ihr Ziel erreicht haben, genau so wie für alle, die gescheitert und auf der Strecke geblieben sind. So ist das auch im Leben. Aber was ist mit dem Tod? Ist er tatsächlich das Ende jeglichen Seins? Oder stellt er nur eine Schwelle dar, zum unsichtbaren Übergang in ein anderes Leben? Gibt es ein Jenseits und vielleicht sogar eine Wiedergeburt? Dieses Buch nimmt sich nicht nur der Wanderung des Menschen bis an die Grenzen des Horizonts seines Lebens an, sondern beschäftigt sich auch mit der überaus interessanten Frage, was danach kommt.

Dabei werden Sie als Leser/in mit diversen Für und Wider kluger Köpfe sowie alter Traditionen und neuen Erkenntnissen konfrontiert. An Ihnen liegt es aber letztendlich, diese entsprechend einzuschätzen und sich eine eigene Meinung darüber zu bilden.

Viel Freude mit diesem Buch sowie für den Weg bis an den Horizont Ihres Lebens wünscht Ihnen der Autor!

Veronika, eine liebe Bekannte, über die ich im 12. Kapitel, „Das Jenseits, - Vorstellung oder Realität?“ noch mehr erzählen werde, verfügt über eine faszinierende meditative Fähigkeit, die es ihr ermöglicht, mit Verstorbenen und anderen Geistwesen der jenseitigen Welt in Kontakt zu treten. Sie als Leserin/Leser können - und sollen - sich selbst ein eigenes Bild darüber machen, was an dieser Sache dran ist: Ob es sich bloß um einen an den Haaren herbeigezogenen, spekulativen Humbug oder vielleicht doch um eine ernst zu nehmende, tiefgründige Sache handelt, die es wert ist, sich näher damit zu befassen.

Für dieses Buch hatte ich Veronika um ein Vorwort gebeten, welches das Gespräch mit einer verstorbenen Person wiedergibt. Mit Gespräch ist hier allerdings keine verbale, sondern eine schriftliche Kommunikation, die auch als „Automatisches Schreiben oder Channelling“ bezeichnet wird, gemeint. Dabei nimmt Veronika mit einer für uns unsichtbaren Welt, die ich der besseren Vorstellung halber als das Jenseits bezeichne, Kontakt auf. Und hier ist das Ergebnis dieses ungewöhnlichen Zwiegespräches:

Gespräch mit Bertolt B.*

VERONIKA:
„Bitte, kann mir jemand helfen? Gerhard hat mich um ein Vorwort zu seinem Buch gebeten, in dem er unter anderem über das Leben, das Sterben und den Tod schreibt.“

(Ich musste einige Minuten auf Antwort warten)

ANTWORT:
„Du kannst mit meiner Hilfe rechnen. Bertolt B..... ist hier, liebe Veronika. Zunächst einmal danke, dass ich mit dir Kontakt aufnehmen darf. Wenn es dir recht ist, fangen wir an:

Noch immer ist es für die meisten Menschen ein Mysterium, wenn über den Tod und allfälliges Leben danach gesprochen wird. Die einen sind felsenfest davon überzeugt, die anderen tun dies als Unsinn ab und meinen, nach dem Tod ist das Leben zu Ende. Was soll man hier dagegen halten, da beide Ansichten richtig sein könnten. Aber kann man wirklich die Aussagen von so vielen Menschen, die bereits einmal aus verschiedenen Gründen auf der

„anderen" Seite waren, als Humbug abtun oder haben diese Menschen, welche die Theorie von einem Weiterleben nach dem irdischen Tod ablehnen, einfach nur Angst vor dem, was sie sich einfach nicht vorstellen können - was sozusagen „über ihren Verstand" geht.

Gut, man kann niemanden - weder die Zweifler, noch die Befürworter - von der Tatsache überzeugen, dass es ein Leben nach dem Tod gibt. Auch wenn ich jetzt erzählen würde, wie schön und friedvoll diese andere Ebene ist, so könnte man es nicht mit menschlichen Worten ausdrücken, damit es der menschliche Geist erfassen kann. Die Möglichkeiten, die es auf der „anderen" Seite gibt, sind so großartig, dass sich dieser Zustand unmöglich beschreiben lässt. Hier ist alles erfüllt von einer Liebe – von Gottes Liebe – es gibt keine Krankheiten und keine Schmerzen, die „Lichtgestalten", wie ihr sie nennt, sind voll Harmonie zueinander. Selbst auf der Ebene der Tiere herrscht Frieden untereinander.

Die Menschheit auf dem Planet Erde ist noch ziemlich am Anfang, wenngleich es einige inkarnierte Menschen in relativ schneller Zeit bzw. Leben geschafft haben, zu lernen und zu wachsen, so dass sie nicht mehr inkarnieren müssen. Aber das sind nicht viele. Der Großteil der Menschen muss noch viel lernen, um einmal die unendliche Liebe Gottes für immer zu umfangen.

Ich will jetzt niemand davon überzeugen, dass es ein Weiterleben der Seele nach dem Tod gibt, aber es sollte sich jeder Zweifler nur einmal Gedanken darüber machen. Gott hat den Menschen den freien Willen gegeben und damit auch die Freiheit, über alles, ganz besonders über sein eigenes Leben, frei zu entscheiden."

VERONIKA:

„Lieber Bertolt B. wie sieht das Leben auf der anderen Seite aus?"

ANTWORT:

„Wie es hier ist, habe ich ja teilweise schon beschrieben.

Die unterste Stufe ist den neu Angekommenen vorbehalten. Sie werden meistens von Verwandten in Empfang genommen und in die Daseinsform hier eingeführt. In dieser Umgebung gibt es auch einfache Engel, die ebenfalls die Aufgabe haben, angekommene, verstorbene Seelen zu betreuen und ihnen behilflich zu sein, einen Platz in dieser Ebene zu erhalten. Hier sind aber auch die Schutzengel, die wieder an Erdenmenschen zugewiesen werden.

Mit den neu Angekommenen wird eine Art Abschlussgespräch über ihr Leben auf Erden geführt. Es ist, wie Ihr es ausdrücken würdet, ein „Endbericht". Dann wird auf Grund des jeweiligen Entwicklungsstandes der Seele eine Aufgabe vergeben, die hier erledigt werden kann, aber nicht muss. Ist diese Seele schon so weit fortgeschritten, dass sie nicht mehr inkarnieren muss, kann sie auch den Wunsch äußern, als Schutzengel für jemand auf Erden zu fungieren.

Dieses Ansuchen wird geprüft und mit der Seele, die bereit ist, diese Aufgabe zu übernehmen, besprochen. Wird es gestattet, kann sie aber nicht zu einem, ihm im Erdenleben nahestehenden Menschen kommen, sondern es muss eine für sie unbekannte Person sein. Sonst wäre trotz allem die Emotion zu groß.

Die nächste Ebene sind höhere Engel oder Schutzengel, die schon einen langen Zeitraum hier verbracht haben. Sie sind nicht mehr für die Betreuung einer Menschenseele vorgesehen, sondern gelten als Lehrmeister für die Seelen und einfachen Schutzengel der unteren Ebene. Wenn diese Probleme mit ihren schutzbefohlenen Menschen auf Erden haben, können sie helfend eingreifen, denn sie sind auch Verkünder und Boten Gottes bei den Menschen auf Erden.

Dann kommt die Stufe der Erzengel. Sie sind die höchsten und intelligentesten Engel, die es gibt. Schon in sehr frühen Jahren waren sie den Erdenmenschen zum Schutz und auch als Informanten für wichtige Angelegenheiten beigestellt worden. Sie waren hohe Verkünder von guten Nachrichten und Mittler zwischen Gut und Böse. So ist es vorgekommen, dass sie als Helfer der Menschen auftraten oder als Rächer, wo es notwendig war.

VERONIKA:
„Welche Aufgabe hast du bekommen, und weshalb bist du schon so lange da?"

ANTWORT:
„Meine Aufgabe ist, die angekommenen Seelen auf ihr neues Leben auf Erden vorzubereiten. Nicht alle natürlich, das wäre nicht möglich, es gibt noch viele andere, sage ich mal, Lehrer. Und um deine andere Frage zu beantworten, ich möchte einfach noch hier bleiben, weil mir meine Aufgabe Freude bereitet.

VERONIKA:
„Aber du musst doch wieder inkarnieren, oder?“

ANTWORT:
„Ja, das muss ich, aber noch nicht so bald.

Übrigens, betrachte einmal die Geschichte des Glaubens, denn es gibt so viele Völker mit unterschiedlichem Glauben. Der Name Gottes ist in den verschiedenen Kulturen anders. Doch im Grunde ist es die Anbetung und der Glaube an eine übergeordnete Macht.

So denke ich, dass der Autor dieses Buches ein bemerkenswertes Buch geschrieben hat und wünsche ihm damit alles Gute, viel Erfolg und Gottes Segen.“

*) Bertolt B.: Deutscher Dichter

1 – Die Schöpfung, das Leben und die Menschen

Die Ursache für den Anbeginn der Welt wird in den verschiedenen Kulturen und Weltreligionen auf einen Schöpfer in Form des allmächtigen Gottes zurückgeführt. Von ihm wurde unsere Welt aus dem Nichts bzw. einem Chaos erschaffen. Auf diese Weise gelangte der Schöpfungsmythos zu einer theologischen, religiösen Erklärung zur Entstehung der Welt, des Universums und der Entstehung des Menschen.

Allerdings halten Naturwissenschaftler dieser Vorstellung die Theorie entgegen, dass der Kosmos aufgrund physikalischer Prinzipien entstanden ist. Johannes Kepler, der deutsche Naturphilosoph, Theologe, Mathematiker, Astronom, Astrologe und Optiker, beschäftigte sich bereits vor über 200 Jahren mit der Frage, ob das Universum unendlich sei. Ende des 18. Jahrhunderts entdeckte der deutsche Arzt und Astronom, Wilhelm Olbers, den 2. und 4. Asteroiden und verneinte diese Frage durch sein berühmtes Paradoxon. Dass es den Urknall tatsächlich gegeben hat, blieb übrigens bis heute Spekulation.

Die Bibel nennt Gott als den eindeutigen Schöpfer: „Denn so spricht der Herr, der den Himmel geschaffen hat, er ist Gott; der die Erde bereitet und gemacht hat - er hat sie gegründet; er hat sie nicht geschaffen, dass sie leer sein soll, sondern sie bereitet, dass man auf ihr wohnen solle: Ich bin der Herr, und sonst keiner mehr." Jesaja 45, 18. „Siehe, er ist's, der die Berge macht und den Wind schafft; er zeigt dem Menschen, was er im Sinne hat. Er macht die Morgenröte und die Finsternis" Amos 4,13. Dieser Text erhält seine Formulierung zu Beginn der Genesis (griech. Ursprung, Entstehung) auf der Basis von Moses. „Creatio ex nihilo" steht dabei für schaffen und erschaffen aus dem Nichts. Dabei überlässt das 1. Buch Mose (Genesis) der Bibel zwei Schöpfungstexte. „Als Gott begann, Himmel und Erde zu erschaffen, die Erde öd und wüst war und Finsternis auf der Fläche des Abgrundes ... da sprach Gott: Es werde Licht! Und es ward Licht."

In der Erzählung der Genesis spielt die Vorstellung einer zweigeteilten Welt eine wichtige Rolle. Darin hat Gott, unser Schöpfer, in einem Sechstagewerk aus dem „Wüsten und Leeren", aus dem „Tohuwabohu" Himmel und Erde geschaffen. In dieser Glaubenshaltung steht der Begriff Himmel und Erde für alle sichtbaren und unsichtbaren Dinge außer Gott selbst. „Schamajin" wird dabei der Himmel bezeichnet. Der oberste Teil davon als Wohnort und Thron von JHWH-Elohim (Gott der Israeliten) ist für die Menschen unsichtbar. Der Auffassung vieler Religionen nach sollen die würdigen Verstorbenen an diesem Ort das Paradies finden und dort weiterleben. Die Bösen wiederum gelangen an einen Ort des Schreckens, die sogenannte Hölle oder Unterwelt.

Vom Himmel, so heißt es, stieg Gott einst herab, um sich den Turmbau zu Babel (Gen 11,1-9), jenes Vorhaben der Menschheit, um Gott gleichzukommen, anzusehen und um Moses (Mose) die Zehn Gebote zu übergeben. Als Auserwählter Gottes bzw. als sein Mittler auf Erden führte Mose später die Israeliten aus Ägypten in das kanaanäische Land.

Im Neuen Testament offenbaren sich im Heiligen Geist der Schöpfer (der Vater) und Jesus Christus als Sohn, um in geistiger Form allgegenwärtig zu sein. Auch in zahlreichen Abschnitten des Korans findet sich die Schöpfungsgeschichte und im Buddhismus sind Gottheiten bekannt, die sich selbst als ungeborene, unvergängliche und somit ewige Schöpfer der Welt verstehen (Brahmas).

Zugleich gilt Wasser als die Quelle des Lebens. Immerhin bedecken Ozeane fast drei Viertel der Oberfläche unserer Erde. Und dennoch erlangt die Wissenschaft erst langsam Wissen darüber, was dieses riesige Wasserreservoir, das unseren Planeten so einzigartig erscheinen lässt, mit dem unendlichen Kosmos der Mikroorganismen verborgen hält. Dazu gehören auch jede Menge Erkenntnisse über den Verlauf der Erdgeschichte bis hin zu unserem eigenen Ursprung. Der Genforscher Dr. J. Craig Venter versuchte bereits, eine sogenannte DNA-Karte der Meere zu erstellen.

Wir alle leben auf dieser Erde in einer Welt der Dualität. Dazu gehören zum Beispiel oben und unten, schwarz und weiß, innen und außen, groß und klein, arm und reich, gut und böse. Durch das Vorhandensein dieser Dualität können wir lernen, uns selbst zu erkennen. Wie sonst sollte ein Kranker wissen, was Gesundheit bedeutet und ein Gesunder, was es heißt, krank zu sein? Ohne beide Seiten erlebt zu haben, kann man die andere nicht erkennen und die bessere nicht wirklich schätzen. Wer sollte wissen, was Freude ist, wenn er Trauer nie kennen gelernt hat? Erst die Dualität mit all diesen Erfahrungen bietet uns die großartige Chance, unser Bewusstsein entscheidend zu erweitern und innerlich zu wachsen.

Was hingegen die Entstehung der Erde und unseres Kosmos anbelangt, hat uns die moderne Astronomie und Kosmologie gewaltige Perspektiven und unvorstellbare Größenordnungen in Raum und Zeit eröffnet - unterstützt von gigantischen Sternwarteteleskopen (z.B. dem Weltraumteleskop Kepler der NASA) und solchen, die im Raum stationiert um die Erde kreisen. Die Raumfahrt mit ihren unbemannten Fähren bringt uns heute Planeten und deren Monde im Sonnensystem auf faszinierende und noch vor kurzem unvorstellbare Weise näher. Zudem eröffnen computeranimierte Welten völlig neue Sichtweisen und gewagte Theorien.

Unter „Quantenphysik und Mystik“ hingegen könnte man sogenannte „Wünsche an das Universum“ einreihen. Bärbel Mohr, Autorin des Buches „Bestellungen beim Universum“ nennt ihre Methode ein Bestellservice mit Lieferdatum. Und was man auf diese Art bestellt, kann sich tatsächlich umgehend erfüllen. Um sein Unterbewusstsein zu programmieren, sind weder eine bestimmte Atemtechnik, noch ein Trance-Zustand oder Hypnose erforderlich. Wenn die Autorin recht hat, genügt es, ganz kindlich arglos einfach zu sagen, denken und fühlen, was man haben will und es wird kommen. Dazu reicht es völlig aus, für die Möglichkeit offen zu sein, dass es funktionieren könnte. Dann wird man Hilfe aus dem eigenen Inneren erhalten, denn die Natur ist an glücklichen Menschen interessiert. Glückliche Menschen achten die Natur und gehen bewusst mir ihr um.

Doch, wenden wir uns nun der Faszination des Lebens zu. Aus wissenschaftlicher Sicht ist das Leben die entscheidende Eigenschaft, die Lebewesen von unbelebter Materie unterscheidet. Das wesentliche Merkmal davon ist, dass Leben die Fähigkeit besitzt, sich fortzupflanzen. Und das über die bloße Kopie einer Evolutionsform hinaus. Das Leben organisiert sich selbst, verfügt über einen Stoffwechsel und bildet gewissermaßen ein nach außen hin abgeschlossenes Gebilde. Für das genaue Untersuchen und Beschreiben der vielfältigen Lebensformen ist die Biologie zuständig.

Das uns bisher bekannte Leben beruht auf den Nukleinsäuren RNA und DNA und begann auf unserem Planeten bereits vor etwa 3,5 bis 3,9 Milliarden Jahren. Von wenigen Ausnahmen abgesehen, verwenden alle uns bekannten Lebensformen den gleichen universell gültigen genetischen Code. Von der Naturwissenschaft wird aber nicht ausgeschlossen, dass es im Universum Leben gibt, das auf anderen chemischen Substanzen beruht. Ein definitiver Beweis für außerirdisches Leben wurde allerdings trotz intensiver Forschung bisher nicht erbracht. Der englische Astrophysiker Prof. Stephen Hawkins ist allerdings überzeugt, dass es bei 100 Billionen Galaxien mit je

100 Millionen Sternen und den dazugehörigen Planeten gar nicht sein kann, dass nur hier auf der Erde Leben entstehen konnte.

So gesehen erscheint es interessant, dass man 2007 den zwanzig Lichtjahre von der Erde entfernten „Gliese 581 c“ als ersten Planeten mit erdähnlichen Bedingungen entdeckte. Er erlaubt sogar vage Spekulationen über Leben. Ebenso der Ende 2009 entdeckte „GJ1214b“ mit 6,5 Erdmassen und einer Umlaufdauer von 38 Stunden in 40 Lichtjahren Entfernung. Den Hinweisen einer Sonde nach wäre auch auf dem Saturnmond Titan eine primitive Lebensform denkbar. Immer neue extrasolare Planeten, sogenannte Exoplaneten, werden heute von den Astronomen entdeckt und immer neue, rätselhafte Welten im Universum aufgespürt.

Für alle die meinen, unsere eigene, wohlgeordnete Welt mit seinen überschaubaren acht Planeten, sei das Maß aller Dinge, gerät ihre alte Vorstellung immer mehr aus den Fugen. Für die Entdeckung einer „zweiten Erde“ bzw. einem Zwilling zu unserem Planeten, werden wir laut Sara Seager, Expertin für Exoplaneten am Massachusetts Institut of Technology (MIT) in den USA, noch 15 oder 20 Jahre“ brauchen. Derzeit wird bereits eine Methode zur gezielten Identifizierung eines solchen Exoplaneten entwickelt.

Als nächsten Step planen US-Forscher ein Jahresprojekt zur Suche nach außerirdischem Leben. Das Green-Bank-Teleskop in West-Virginia wird auf 86 ausgewählten Planeten jeweils 24 Stunden lang Daten sammeln. Wie die Wissenschafter mitteilen, werden Planeten mit verträglichen Temperaturen untersucht. Und zwar zwischen 0 und 100 Grad Celsius, wo am ehesten Leben zu erwarten ist.

Man vermutet sogar die Existenz sogenannter „Kanonenkugel-Welten“. Selbst unsere Erde besteht im Kern aus Eisen und verfügt über einen Mantel aus sauerstoffhaltigen Silikatgesteinen. Experten gehen aber davon aus, dass es auch Planeten gibt, die komplett aus Eisen bestehen. Eine solche Welt könnte etwa bei der Kollision von zwei Planeten entstanden sein, wenn beim größeren davon nur die äußere Hülle abgetragen wurde. So ein erdgroßer Planet aus purem Eisen könnte dennoch Ozeane und eine Atmosphäre haben. Seine chemische Zusammensetzung müsste uns aber ziemlich fremd und exotisch anmuten.

Ja, selbst planetare Edelsteine gigantischen Ausmaßes werden von manchen Astronomen im All vermutet. Und zwar in Form von Gesteinsplaneten, deren Mantel nicht wie bei unserer Erde aus Silikatsgestein, sondern aus Keramik besteht. In diesem Fall würden Silizium und Titancarbid, umhüllt mit einer Schicht Graphit den Planeten umgeben. Da am Grund dieser Graphitschicht der Druck enorm wäre, müsste sich dort ein kilometerdicker, reiner Diamant bilden. Man könnte auch von einem faszinierenden Himmelsjuwel aus Kohlenstoff sprechen. Bestimmte Meteoriten haben uns bereits Hinweise dazu geliefert.

Die NASA plant, etwa ab 2016 Menschen ins tiefe All zu schicken. Dazu wird eigens ein neues Raumfahrzeug entwickelt. Zunächst sollen dreiwöchige Reisen mit einer vierköpfigen Besatzung erfolgen, teilte die US-Raumfahrtbehörde mit. Nach eigenen Angaben wird das neue „Fahrzeug" beim Start, dem Wiedereintritt in die Erdatmosphäre und bei der Landung zehnmal sicherer sein als seine Vorgänger, die Space Shuttles. Das Ziel ist, bis 2025 Menschen zu einem Asteroiden und dann möglichst bis 2035 zum Mars zu bringen.

Die Theorie der biologischen Evolution lehrt uns, dass sich auf der Erde im Lauf von Jahrmilliarden aus einfachen Lebensformen immer komplexere Lebewesen entwickelten. Unter Evolution wird dabei die Tatsache verstanden, dass alle Lebewesen im Laufe der Erdgeschichte aus andersartigen Vorfahren in direkter Zeugungskette entstanden sind. Der Mensch ist das vorläufige Endprodukt eines langen entwicklungsgeschichtlichen Prozesses der Evolution. Der vorherrschenden Kenntnis nach endet das Leben, wenn die charakteristischen Eigenschaften von Lebewesen verschwinden. Das heißt, wenn der sichtliche Tod eintritt.

Die unterschiedlichen Religionen sehen im Leben eine Daseinsform, die sich von unbelebter Materie wesentlich unterscheidet. Dieser Grundhaltung nach kann sie nur infolge eines übernatürlichen Eingriffs entstanden sein. Daher wird vor allem das menschliche Leben als etwas Heiliges bezeichnet. Die jüdisch-christliche Tradition sieht Gott als den Schöpfer aller unbelebten und belebten Dinge. Er ist der Herr über Leben und Tod und gebot den Menschen: „Du sollst nicht töten! (Ex 20, 13)." Die Wiedergeburt hat im christlichen Glauben eine große Bedeutung, da sich Jesus Christus seinen Anhängern gegenüber als das „Brot des Lebens" (Joh. 6, 35) bezeichnete: „Wer an mich glaubt ... von dessen Leib werden Ströme lebendigen Wassers fließen."

Aber nicht nur im Christentum, sondern auch in vielen anderen Religionen existiert die fixe Vorstellung eines ewigen Lebens, zumindest aber eines Weiterlebens nach dem Tod. Der griechische Philosoph Heraklit von Ephesos (520 v. Chr. - um 450 v. Chr.) hingegen beschreibt den Kosmos folgendermaßen: „Diese Weltordnung, dieselbige für alle Wesen, hat kein Gott und kein Mensch geschaffen, sondern sie war immerdar und ist und wird sein ewig lebendiges Feuer, nach Maßen erglimmend und nach Maßen erlöschend."

Auch die Vorstellung von künstlichem Leben bzw. künstlicher Intelligenz fasziniert seit jeher die Menschen. Bereits die Alchemisten beschäftigten sich mit der Herstellung lebender Kunstwesen, wie den Homunculus und Basilisk. Anklänge dieser okkulten Experimente finden sich auch in Goethes Faust.

2007 erregte die Schlagzeile Aufsehen, dass „menschliche" Roboter Japan erobern. Konkret hatte die Firma Kawada Industries ihr neuestes Modell aus der Reihe der humanoiden Roboter der japanischen Presse vorgestellt. HRP-3 sollte den Menschen auf lange Sicht gesehen nützlich sein und mit der Umwelt interagieren können. Praktische Einsatzgebiete werden vor allem bei der Baby- und Altenpflege gesehen.

2010 entwickelten japanische Wissenschaftler dann einen weiteren humanoiden Roboter, der bereits Gesichtsausdrücke seines menschlichen Vorbilds imitieren konnte. „Geminoid TMF" war es dank kleinster Motoren unter der Gummihaut möglich, zu lächeln, zu lachen als auch grimmig zu schauen. Ziel der Entwickler ist es, den Roboter künftig im Alltag einzusetzen. Dazu meinte der leitende Forscher Hiroshi Ishiguro: „Eine neue Technologie ruft immer Ängste und negative Meinungen hervor. Doch mit dem Projekt will man Roboter den Menschen ein Stück näher bringen." Wann „Geminoid TMF" in Serienproduktion gehen wird, ist noch nicht bekannt. Die Hersteller deuten einen Verkaufspreis von 80.000 Euro an. Und „Robonaut" heißt der erste humanoide Roboter im All. Er begleitet die Space Shuttle Mission STS-133. Angeblich ist er sehr folgsam und soll den Astronauten des Space Shuttles Discovery helfen.

Aber auch im Unterhaltungsbereich sind Androiden ein zeitloser Renner. Hollywood-Erfolgsstreifen wie Blade Runner, Terminator, Robot, Der 200 Jahre Mann, Raumschiff Enterprise, Matrix oder Odyssee im Weltraum widmen sich dem Thema des künstlichen Lebens auf publikumsträchtige Art und Weise.

Aufhorchen ließ im Mai 2010 auch der US-amerikanische Wissenschaftler Craig Venter mit der Nachricht, als erster Mensch künstliches Leben hergestellt zu haben - allerdings auf nicht ganz so spektakuläre Weise, wie in den erwähnten Blockbusters. Konkret handelte es sich dabei um die erste synthetisierte Bakterienzelle, die sich selbständig teilen kann. Dabei wurde das Genom aus chemischen Substanzen hergestellt. Dem Team um Craig Venter gelang es allerdings nur, kleinere DNS-Sequenzen im Reagenzglas nachzubilden.

Doch, kehren wir wieder zur evolutionären Entwicklung des Lebens zurück. Dank zahlreicher Filme, Bücher und Dokumentationen wissen wir heute auch so einiges über die Dinosaurier. Also jener Gruppe an Landwirbeltieren, die im Mesozoikum, dem Erdmittelalter, vor rund 235 Millionen Jahren bis zur Kreidezeit vor etwa 65 Millionen Jahren die Ökosysteme des Festlandes beherrschten. Interessanter Weise gingen nicht alle Dinosaurier während des legendären Massenaussterbens am Ende des Mesozoikums unter, sondern überlebten bis heute als unsere Vögel, die aus einer Gruppe kleinerer Dinosaurier hervorgingen.

Wie neueste Funde belegen, lebte der erste Mensch vor rund sieben Millionen Jahren an den Ufern des Tschad-Sees in Zentralafrika. Wir können ihn uns mit einer Größe von 1,20 m als halb Mensch, halb Affe mit stark verlängerten Gliedmaßen vorstellen. Damit war er optimal für das Leben auf Bäumen angepasst, konnte aber auch beachtliche Strecken am Boden zurücklegen. Die frühen Sahel-Menschen bestritten ihren Lebensunterhalt an den Ufern des Sees, der damals ein Ausmaß in der Größe von Schweden hatte.

Sensationeller Weise konnten in derselben Erdschicht Fossilien von über 700 Wirbeltieren gefunden werden, die 42 Arten angehören. Somit wurde die biochronologische Altersbestimmung auf sieben Millionen Jahre möglich. Das Jagdgebiet dieser frühen Menschen war eine Mosaiklandschaft aus Galeriewäldern, Strauchsavannen und offenen Grasländern. Sie trafen dabei auf heute längst ausgestorbene Tierarten von Elefanten, Giraffen, Flusspferden, Nashörnern, Pferden, Antilopen, Krokodilen, Schlangen und Landschildkröten.

Das Hirnvolumen dieser Vorfahren hatte rund 340 Kubikzentimeter und gleicht somit dem eines Schimpansen. Ebenso ihre geschätzte Körpergröße. Dennoch erinnert das hohe und zarte Gesicht mit seiner ausgeprägten Augenbrauenwölbung schon ganz an einen Menschen. Infolge des waagrechten Verlaufes der Schädelbasis wird vermutet, dass dieser frühe Hominide bereits aufrecht gehen konnte. Damit schließt sich allmählich die Lücke des großen Übergangsfeldes zwischen den Menschenaffen und frühen Menschenarten.

Das sogenannte Pläistozän (130.000 bis 30.000) wurde dann zum Zeitalter des Neandertalers (wissenschaftlich Homo neanderthalensis). Diese Spezies gilt nicht als direkter Vorfahre des Menschen. Sie entwickelte sich parallel, aber unabhängig vom Homo sapiens, aus einem gemeinsamen afrikanischen Vorfahren der Gattung Homo. Im deutschen Neandertal (einem Talabschnitt zwischen den Städten Erkrath und Mettmann) fanden Bauarbeiter 1856 die ersten Fossilien des später als Neandertaler bezeichneten Menschen. Sein Alter wurde mit 42.000 Jahren datiert.

Die ältesten Funde dieser Art stammen allerdings aus Kroatien und Italien. Sie sind etwa 130.000 bzw. 120.000 Jahre alt. Die sichtbare Bestätigung eines geistig-geistlichen Wandels ist dabei, dass die Menschen bereits vor mindestens 120.000 Jahren begannen, ihre Verstorbenen rituell zu bestatten. Archäologische Funde belegen aus dieser Zeit eine zunehmende Anzahl an Grablegungen. Unter anderem wurde in der Türkei eine Grabstätte entdeckt, die von Neandertalern stammt und rund 100.000 Jahre alt ist. An den Überresten erkannten die Forscher, dass diese Menschen ihre Toten auf Blumen und Blütenzweigen zur letzten Ruhe betteten. Das heißt, dass man auf den Tod bereits zu dieser frühen Zeit mit einer feierlichen Zeremonie reagierte.

Noch lange vor dem Höhepunkt der Eiszeitkälte starb diese Menschengattung allerdings aus. Als es in unseren Breiten vor 30.000 Jahren sehr kalt wurde, gab es hier keine Neandertaler mehr. Vermutlich war bereits zuvor eine Kälteflucht in den wärmeren Süden erfolgt. Bevor die letzte Eiszeit ihre Spitze erreichte, drang der Homo sapiens bereits von Afrika über den Nahen Osten kommend nach Norden vor.

In der Folgezeit besetzte er dann den bisherigen Lebensraum des in weiten Teilen Europas verbreiteten Neandertalers. Die Gründe für dessen Aussterben sind nicht näher bekannt. Sie könnten aber in einem Fortpflanzungsproblem begründet sein. Der moderne Mensch wurde bereits früher geschlechtsreif und hatte auch mehr Nachkommen. Somit wurde er zur einzigen überlebenden Art der Gattung Homo. Bis zum Ende der letzten Kältezeit vor 10.000 Jahren lebten weltweit etwa fünf bis zehn Millionen Menschen. Heute beträgt die Einwohneranzahl einer einzigen Metropole wie Paris oder London bereits über zehn Millionen.

Die Entwicklungsgeschichte der Menschheit von ihren Anfängen bis zum Menschen der Gegenwart ist das Beschäftigungsgebiet der Paläoanthropologie. Anhand der Archäologie und der Genetik werden dazu die wichtigsten Datenquellen für die Forschung geliefert. Den echten Humanoiden wurde auch immer die Familie der Menschenaffen (Orang-Utans, Gorillas und Schimpansen) gegenübergestellt. Die genauen Vorgänge der Menschwerdung aus affenartigen Vorfahren in Afrika konnten allerdings noch nicht endgültig geklärt werden.

Bei genetischen Versuchen wurde nachgewiesen, dass Schimpansen und Gorillas mit dem Menschen näher verwandt sind als mit den Orang-Utans. Alle heute lebenden Menschen sind übrigens genetisch gesehen sehr nahe miteinander verwandt. Von über 1000 Menschen, deren vier Großeltern der selben geografischen Region (in Europa) entstammen, kann aufgrund der gemeinsamen Betrachtung von etwa 500.000 der genetischen Marker in ihrem Genom ihr geografischer Herkunftsort auf 300-700 Kilometer im Umkreis eingegrenzt werden. Nähere Auskunft darüber gibt die „Nature-Studie“ von John Novembre und seinem Team.

Der englische Wissenschaftler Charles Robert Darwin (1809-1882) begründete die moderne Evolutionstheorie. Seiner Ansicht nach ist die Welt nicht durch einen Blitzschlag allmächtiger Schöpfungskraft entstanden. Er erklärt, dass der Artenwandel und die Entstehung neuer Arten durch natürliche Selektion realisiert wurde. Seine abenteuerliche Forschungsreise auf der HMS Beagle führte den britischen Evolutionsbiologen von 1831-1836 einmal um die Erde. Vor allem Biologie und Geologie wurden durch seine Arbeiten maßgeblich beeinflusst.

Dadurch gewann auch das moderne Denken entscheidend an Bedeutung. Nach der Veröffentlichung von Darwins Hauptwerk „On the Origin of Species“ hagelte es viel Kritik. Vor allem von Seiten der Kirche, was sich bis zum Beginn des 20. Jahrhunderts dahinzog. Seine wissenschaftlichen Zeitgenossen erkannten aber die Bedeutung Darwins und wählten ihn in die Royal Society und die French Academy of Sciences.

Neben der biologischen Entwicklung des Menschen ist auch seine kulturelle Entwicklung, und dabei ganz besonders die Entwicklung der Sprache, von großer Bedeutung. So unglaublich es heute auch erscheint, aber der kulturelle Entwicklungsstand unserer frühen Vorfahren blieb über Hunderttausende von Jahren nahezu unverändert. Erst die Entstehung des modernen Menschen ermöglichte die längst fällige kulturelle Innovation. Und diese ist in erheblichem Maße auf die Entwicklung der Sprache zurückzuführen. Nach dem Ende der letzten Eiszeit begannen die Menschen großräumig Ackerbau und Viehzucht zu betreiben. Dadurch wurde der Mensch allmählich zum Teil der Gesellschaft, und mit dem Beginn der Hochkulturen trat er in die Geschichte ein. Das Christentum und das aristotelische Weltbild bezeichnen ihn daher als die „Krone der Schöpfung."

Außer der Sprache fehlt Individuen anderer Arten auch die Fähigkeit, ihr erlerntes Wissen, wie das die Menschen tun, an die nächsten Generationen weiterzugeben. Nur der Menschheit ist es möglich, bewusst Informationen abzurufen, die von früheren Generationen geschaffen wurden. Man spricht dabei von einem historischen Bewusstsein, das in der Lage ist, Vergangenheit, Gegenwart und Zukunft in einen kausalen Zusammenhang zu bringen. Erst diese Fähigkeit macht es möglich, zu lernen, Handlungen zu planen und Zukunftsszenarien zu entwerfen. Und das sind immerhin die entscheidenden Voraussetzungen, um eine Weiterentwicklung zu ermöglichen. Mit den Erkenntnissen des Zusammenlebens der Menschen beschäftigen sich insbesondere die Soziologie und die Anthropologie.

In der historisch belegten Menschheitsgeschichte ging es allerdings nicht gerade friedlich zu. Konflikte wurden immer wieder mit Waffengewalt ausgetragen. Bislang erfolgten knapp 14.400 Kriege, bei denen etwa 3,5 Milliarden Menschen ihr Leben opfern mussten. Im Gegensatz zum individuellen oder kollektiven Rauben und Morden wurden die meisten dieser bewaffneten Auseinandersetzungen zwischen zwei oder mehreren Kollektiven sogar als legitim angesehen. In der Praxis argumentieren Kriegsparteien ihre eigene Beteiligung nämlich immer als notwendig und gerechtfertigt, ganz egal, ob es sich um einen Angriffs- oder Verteidigungskrieg handelt. Ungeachtet dessen, dass es im Buch Tobias in der Bibel lautet: „Was du nicht willst, das man dir tu, das füg' auch keinem anderen zu".

Dennoch könnte man in Ausnahmefällen auch von einem gerechten Krieg, etwa wie jenem gegen Adolf Hitler sprechen. Er war ein Aggressor, der seinen persönlichen Krieg begonnen hatte. Auch wenn Großbritannien zuerst meinte: „Germany is her own territory", wollte man den Diktator dann doch nicht ungehindert wüten lassen. Inzwischen ist unsere Welt allerdings viel komplizierter geworden, weshalb es heute sehr schwierig ist, von gerechten Kriegen zu sprechen.

Abschließend zu diesem Thema noch die Worte einiger kluger Köpfe: „Die Menschheit muss dem Krieg ein Ende setzen, oder der Krieg setzt der Menschheit ein Ende", J.F. Kennedy, „Stell dir vor, es ist Krieg, und keiner geht hin" Carl Sandburg, „Ich bin nicht sicher, mit welchen Waffen der dritte Weltkrieg ausgetragen wird, aber im vierten Weltkrieg werden sie mit Stöcken und Steinen kämpfen" Albert Einstein, „Besser einander beschimpfen als einander beschießen" Winston Churchill, „Die Geschichte lehrt die Menschen, dass die Geschichte die Menschen nichts lehrt" Mahatma Gandhi.

1804 überschritt die Weltbevölkerung erstmals die Milliardengrenze. Innerhalb des 20. Jahrhunderts hatte sie sich dann nahezu vervierfacht. Inzwischen umfasst sie annähernd sieben Milliarden. Die UNO rechnet im Zeitraum von 2005 bis 2015 mit einem Bevölkerungswachstum von rund 79 Millionen pro Jahr. Bis 2025 werden somit rund 8 Milliarden Menschen und bis 2050 an die 10 Milliarden erwartet. Ein Bevölkerungswachstum mit einer jährlichen Wachstumsrate von über 2,5 Prozent wird als Bevölkerungsexplosion bezeichnet. Eine solche erleben derzeit zahlreiche Entwicklungsländer und ärmere Staaten der Welt. In den meisten höher entwickelten Ländern hingegen nimmt die Bevölkerung sichtlich ab.

Fachleute betrachten den Zustand der Überbevölkerung als bereits eingetreten und sehen ihn als zentrales Problem der Menschheit an. Die fatalen Folgen sind heute unter anderem in vielen afrikanischen und asiatischen Staaten ersichtlich: Hunger, Armut, Mangelerscheinungen, ökologische Probleme, kriegerische Handlungen, die schnelle Ausbreitung von Epidemien und wirtschaftliche Stagnation. Auf globaler Ebene erfolgt seit 1974 alle zehn Jahre eine Weltbevölkerungskonferenz der UNO. Dabei werden grundlegende Probleme und Ergebnisse zum Thema Überbevölkerung weltweit diskutiert. Obwohl es sich hier um einen durchaus positiven Ansatz handelt, lassen die erwünschten Ergebnisse noch auf sich warten.

Die Böll-Stiftung und Germanwatch legten kürzlich einen Bericht zur „Lage der Welt 2010" vor. Das ernüchternde Fazit davon: „Würden alle so leben, wie wir, müssten zwei Drittel der Menschheit weg." Dann nämlich böten die sich selbst erneuernden Ressourcen der Erde gerade mal für 2,1 Milliarden Menschen Platz. Und das bei derzeit knapp sieben Milliarden Menschen auf unserem Planeten. Magere fünf Prozent der Weltbevölkerung sind übrigens für 32 Prozent des weltweiten Konsums verantwortlich, lässt uns der „Bericht zur Lage der Welt 2010" wissen, der vom renommierten Washingtoner Worldwatch-Institut erstellt wurde.

Somit scheint ein Zusammenbruch der Zivilisation auf Sicht gesehen unweigerlich bevor zu stehen. „Wenn wir ihn verhindern wollen, brauchen wir nichts Geringeres als eine Umwälzung der herrschenden kulturellen Muster" erklärt Eric Assadouran, einer der Direktoren des Worldwatch-Instituts. Von den Ernährungsgewohnheiten bis zu ökologischen Siedlungen listet der Bericht 26 Beispiele auf, wie es besser gehen könnte. Eine wichtige Erkenntnis davon ist, dass wir alle dazu beitragen können, indem wir umweltfreundliche Produkte kaufen und den fairen Handel fördern. Immerhin haben wir als Verbraucher die Chance, ein nachhaltiges Zeichen zu setzen. Dennoch erscheint die Lern- und Veränderungsbereitschaft der Menschen äußerst gering, denn bereits 1972(!) erklärte der Bericht „ Die Grenzen des Wachstums" vom Club of Rome, dass es nicht so weitergehen darf, wie es derzeit weitergeht. „Jedes Jahr steigt die Fieberkurve des Planeten", wie das im jährlichen Bericht „Zur Lage der Welt" ersichtlich ist, bedenklich an.

Am 19. Dezember 1987 überschritt der biologische Fußabdruck des Menschen erstmals die Kapazität der Erde. Noch vor Jahresende hatten die Menschen praktisch alles verbraucht, was ihnen die Natur innerhalb eines Jahres zur Verfügung stellt. Und zwar von Holz und Trinkwasser, über Nahrung bis hin zu den Lagerungsmöglichkeiten zur Müllentsorgung. Der ständig anwachsende Klimamüll eingerechnet. 2009 waren die jährlichen Ressourcen bereits am 24. September verbraucht. Das heißt, dass entweder 1,3 Erden oder 1,3 Jahre notwendig wären, um das zu produzieren, was die Weltbevölkerung in nur zwölf Monaten verbraucht. Und diese bedenkliche Tendenz ist weiterhin im Steigen.

Aus primitiven Anfängen hat die Evolution intelligente Wesen, die den Lauf der Erde (leider nicht nur zum Besseren) veränderten, hervorgebracht. Daher kann man auch davon ausgehen, dass Menschen Computer bzw. Maschinen erbauen werden, die intelligenter als ihre Erbauer sind. Diese Wunderwerke werden in der Lage sein, Informationen zu analysieren und eigene Entscheidungen zu treffen. Da sich die Evolution ständig beschleunigt, können die Fortschritte in immer kürzeren Zeiträumen erfolgen, und intelligente Technik wird die Entwicklung noch intelligenterer Technik unterstützen. So könnte es sein, dass Maschinen einst behaupten werden, ein eigenes Bewusstsein zu besitzen. Ein Umstand, der sich von ihnen vermutlich nicht beweisen und von uns nicht widerlegen lässt. „Können wir es anzweifeln, dass sich das Wissen zu einer Waffe entwickelt, die wir gegen uns selbst richten?“ meint dazu Bill Joy als ehemaliger Chefwissenschaftler von Sun Microsystems.

Ray Kurzweil zufolge werden in 25 Jahren Milliarden von mikroskopischen Nanorobotern durch unser Gehirn schwimmen und unsere geistige Leistungskraft steigern. Bereits um 2020 wird ein Chip die Rechenleistung des menschlichen Gehirns erreichen und damit eine weitere neue Ära der Menschheit einleiten. In seinem 652seitigen neuen Buch „The Singularity Is Near: When Humans Transcend Biology“ behauptet Kurzweil, dass drei konvergierende Felder - Genetik, Nanotechnologie und Computer/Robotertechnik - eine exponentielle Phase einleiten, die in den nächsten 40 Jahren für mehr Änderungen sorgen wird, als in den vergangenen 4.000 Jahren. Mehr zu diesem überaus faszinierenden Thema erfahren Sie im letzten Kapitel dieses Buches „Die Zukunft der Menschheit.“

2 – Der Sinn des Lebens

Woher komme ich? Wohin gehe ich? Was ist der Sinn des Lebens? Selbst nach oftmals vielen Jahren des Verdrängens steht spätestens in den Tagen des Sterbens die Beantwortung dieser elementaren Fragen an. Dabei erscheint es auf Anhieb gar nicht so einfach, eine allseits befriedigende und logische Erklärung für den Sinn des Lebens zu finden. Vielleicht muss man dazu ja in den Dimensionen von Milliarden an Jahren denken, die es gegeben hat, bis auf der Erde überhaupt Leben entstand - sowie in den Milliarden Jahren danach, wenn einmal in ferner Zukunft von uns Menschen längst keine Spuren mehr vorhanden sind.

Inzwischen hat die Wissenschaft herausgefunden, dass die Sonne, unser aller lebensspendender Planet, eines Tages seine letzte Entwicklungsphase erreichen wird. Das ist dann der Fall, wenn sie auf apokalyptische Weise zu einem „roten Riesen“ mutiert, um anschließend zu einem „weißen Zwerg“ zusammen zu schrumpfen. In ihrer Ausdehnung bis fast hin zur Bahn vom Mars wird die Sonne die Erde verschlucken und in einer glühenden Gaswolke auflösen. Doch keine Sorge, diese Entwicklung braucht noch seine Zeit. Erst in 7,59 Milliarden Jahren wird es heutigen Berechnungen nach so weit sein, dass die Erde in einem Eisenregen untergeht, während auch die Sonne stirbt.

Diesem feurigen Finale soll ein ebenso bizarrer wie faszinierender Todeskampf vorangehen, berichtete die Zeitschrift „bild der wissenschaft.“ Die ungemütliche Phase beginnt angeblich „schon“ in 1,6 Milliarden Jahren, wenn die Sonne etwa 15 Prozent heller ist als heute. Dann wird auf der Erde mit Temperaturen von 60-70 Grad Celsius gerechnet. Dieses Klima verursacht zugleich eine extreme Wasserverdunstung. Da Wasserdampf auch ein sehr wirksames Treibhausgas ist, wird sich die Temperatur in den folgenden Millionen Jahren weiter erhöhen. Das sorgt nach und nach für ein Verschwinden der Ozeane und lässt nur die großen Flüsse übrig. Während der Wasserstoff ins All entweicht, bleibt der schwerere Sauerstoff zurück und färbt aller Voraussicht nach den einst blauen Planeten rot. Das Eisen im Gestein nimmt den Sauerstoff auf und macht die Erde, ähnlich dem Mars, zu einem gewissermaßen „rostigen Planeten.“

Somit stellt sich die Frage, welchen Sinn dann eigentlich die langfristige, evolutionäre, organische Entwicklung mit ihren unzähligen Arten und Individuen überhaupt hatte. Vielleicht aber ist diese Frage in Hinblick auf unsere heutige Realität zu abgehoben, um tatsächlich gestellt zu werden. Schließlich ist das Rätsel unserer Evolution mit der Frage nach dem Ursprung der Menschheit noch lange nicht vollständig gelöst.

„Kämpfe den guten Kampf des Glaubens und ergreife das ewige Leben, zu dem du berufen bist" (1 Timotheus 6-12), „Wer keinen Sinn im Leben sieht, ist nicht nur unglücklich, sondern kaum lebensfähig" (Albert Einstein), „Leben muss man das Leben vorwärts, verstehen kann man es nur rückwärts" (Sören Kierkegaard), „Liebe ist Leben und Leben ist Liebe, denn wer nicht geliebt hat, der lebte nicht" (Herbert Hoeppner), „Gib jedem Tag die Chance, der beste deines Lebens zu werden" (Mark Twain). Diese Antworten und eine Fülle weiterer religiöser und philosophischer Grundsätze ließen sich auf die Frage nach dem Sinn des Lebens finden. Daran kann man die Wichtigkeit, aber auch die Schwierigkeit dieser Anforderung erkennen. Dabei ist das Thema „Sinn des Lebens" so alt wie die Philosophie selbst.

Obwohl die Frage nach dem Sinn des Lebens viele Menschen seit langem beschäftigt, haben die meisten im Grunde Angst davor, die eigentliche Antwort darauf zu finden. Wie wir inzwischen wissen, existiert nicht nur eine Antwort. Aber auch wenn die individuell gefundene Erkenntnis nicht befriedigend ist, sollte man nicht verzweifeln, sondern ermutigt weitere Fragen stellen und auch die passenden Antworten dazu suchen.

Auf diese Weise kann man auch auf die ursprüngliche Frage eine Antwort erhalten. Viele finden ihre Antwort darin, sich fortzupflanzen, andere wiederum, etwas Nachhaltiges zu schaffen und wiederum andere, um als wichtiger Baustein das Gleichgewicht eines ökologischen Systems aufrecht zu halten. Sich bei dieser wichtigen Frage allerdings bloß auf Zufall zu beschränken, kann für niemanden zufriedenstellend sein. Dann gäbe es schließlich keinen vordefinierten Sinn des Lebens und wir wären nur Ausgelieferte einer unbekannten, höheren Macht.

„Entscheidend ist das Wissen um die eigene Sterblichkeit" meint dazu der österreichische Philosoph und Biologe Dr. Franz Wuketits. Ohne diesem Bewusstsein und der damit verbundenen Hoffnung, dass mit dem Tod nicht wirklich alles zu Ende ist, hätte sich religiöser Glaube wohl nie entwickelt."

Bedenklich wird es allerdings, wenn man zur Überzeugung gelangt, dass das Leben keinen Sinn hat. Was sollte man dann mit ihm anfangen? Weshalb sollte man sich so viel Leid und Mühsal unseres Daseins noch weiter antun?

Doch, was wäre die Lösung? Alles auf nihilistische Weise einfach zu ignorieren, Selbstmord zu begehen oder bis zum Erfolg weitersuchen? Der beste Rat ist wohl der, dass es in erster Linie an einem selber liegt, dem eigenen Leben einen entsprechenden Sinn zu geben.

Dennoch besteht auch eine Orientierung, die auf der Verneinung jeglicher Seins-, Erkenntnis-, Wert- und Gesellschaftsordnung basiert. Diese Ablehnung aller positiven und negativen Ansätze nennt sich Nihilismus und seine Anhänger Nihilisten. Durch den russischen Schriftsteller Iwan Turgenew wurde der Begriff 1862 populär. In der Folge gewann dieser Terminus eine breite öffentliche Aufmerksamkeit. Durch seine Haltung erfährt auch der umfassende oder teilweise Sinn des Lebens eine Ablehnung. Ebenso wie der Sinn der Weltgeschichte, erkennbare Tatsachen sowie moralische Werte und Verbindlichkeiten.

Genau so führen Nihilisten auch jegliche Form von Religion, Weltanschauung, philosophischer und politischer Lehre zur Findung des richtigen Lebensweges ad absurdum. In diesem Sinne wird von Nihilisten auch die bejahende und verneinende Stellung zu Gott als Glaubenshaltung abgelehnt. Da sich auf diese Weise auch jede Handlung im Leben erübrigt, wird ihrer eigenen Einschätzung nach die Lebensspanne bis zum Tod als sinnlos angesehen. Deshalb tendieren Nihilisten zum Hedonismus und Egoismus, bis hin zur Selbstaufgabe und Verwahrlosung.

Für manche Menschen hat bei der Sinnfrage das spirituelle Konzept namens „Karma“ große Bedeutung. Dabei wird jeder Handlung, egal ob physischer oder geistiger Natur, unweigerliche eine Folge zugeordnet. Diese muss sich jedoch nicht unbedingt im jetzigen Leben auswirken, sondern kann unter Umständen erst in einem der nächsten Leben wirksam werden. Die Lehre des Karma ist in den indischen Religionen eng mit dem Glauben an Samsara, den Kreislauf der Wiedergeburten verbunden. Diese Gültigkeit des Ursache-Wirkung-Prinzips besteht auf geistiger Ebene über mehrere Lebensspannen hinweg.

Sowohl der Hinduismus, als auch der Buddhismus und Jainismus bezeichnen das Karma als die Folge jeder Handlung, die Wirkungen von Taten und Gedanken erzeugt. Damit sind vor allem Rückwirkungen auf die Person, die das Karma auslöst, gemeint. Diesem Prinzip zufolge wird das Karma durch eine Gesetzmäßigkeit und nicht durch ein höheres, göttliches Wesen ausgelöst.

Dabei erzeugt sowohl ein „schlechtes Karma“ als auch ein „gutes“ den Kreislauf der Wiedergeburten. Und das letzte Lebensziel ist es, überhaupt kein Karma mehr zu erzeugen. Diese Vorstellungen wurden bereits etwa ab dem 6. Jh. v. Chr. nachgewiesen und bilden die Basis für den Hinduismus. Demnach hat jeder Mensch sein eigenes „Dharma“ (das kosmische und soziale Gesetz), das erfüllt werden soll. Diese Erfüllung ist dann ausschlaggebend, ob die eigenen Taten ein gutes oder schlechtes Karma bewirken.

Dabei geht es vor allem um Pflichten wie Gewaltlosigkeit, Wahrhaftigkeit, Geduld, Selbstkontrolle, Mildtätigkeit und Gastfreundschaft. Diese Tugenden haben gleichermaßen für alle Menschen Gültigkeit. Währenddessen ist der Mensch frei und für sein Karma ausschließlich selbst verantwortlich. Dennoch gibt es auch Gläubige, die auf die bedingungslose Gnade Gottes vertrauen, der die Wirkung des Karma vernichten und den Menschen erretten kann.

Als Schicksal (auch: Los, Geschick, Kismet, Fatum) wiederum werden all die unvorhersehbaren, unbeeinflussbaren und großteils unverständlichen Einflüsse auf das Leben der Menschen bezeichnet. Vielfach wird es als eine personifizierte höhere Macht angesehen, die ursprünglich sogar über Gott stand. Beispiele dazu sind: „Das Schicksal meint es gut mit ihm.“ „Er wurde vom Schicksal dazu bestimmt.“ „Das Schicksal nahm seinen Lauf.“, „Sie hat ein trauriges Schicksal“ sowie die viel zitierten „Schicksalsschläge.“

Das Glück wurde und wird gerne als Belohnung für den Gehorsam und die Liebe gegenüber Gott gewertet. Und Unheil erhält die Interpretation der verdienten, reinigenden Strafe. Im täglichen Leben widersprachen die Erfahrungen allerdings häufig diesem Glauben, weshalb die Menschen zum Schluss kamen, dass die Wege des Herrn wohl unergründlich sind. In der Mythologie gab es auch personifizierte Schicksalsgötter wie Fortuna, Nornen, Tyche, Moiren und Parzen. In der Vorstellung der Menschen beherrschten sie sowohl den Lauf der Welt, als auch das individuelle menschliche Schicksal, dessen Name übrigens von „schicken“ stammt.

Als Schicksal kann man aber auch all das empfinden, was in uns selbst liegt. Dazu gehören unsere Anlagen, Schwächen, Leidenschaften und auch verdrängten Erfahrungen. Von diesen Neigungen, Emotionen und Konflikten sinkt auch immer wieder einiges in unser Unterbewusstsein ab. Daraus können sich Komplexe bilden, die unser Leben als das äußere Schicksal unbewusst mitgestalten. Und oft sind sie die Quelle unserer gemachten Fehler und so manchen großen Scheiterns. Vieles ließe sich davon bestimmt abwenden, wenn wir nur bloß den Trieben widerstehen und die Verführungen durchschauen könnten, die manchen von uns in einen fatalen Strudel hinab ziehen. In diesen Fällen sind wir es eindeutig selbst, die unser Schicksal bestimmen.

Natürlich gibt es auch noch jene übergeordneten Ereignisse, wie die verschiedensten Katastrophen, Erdbeben und Kriege, die über den Einzelnen hereinbrechen und denen er mehr oder weniger hilflos ausgeliefert ist. Eine völlige Ergebenheit gegenüber dem Schicksal wird als Fatalismus bezeichnet, und für die absolute Willensfreiheit des Individuums steht der sogenannte Voluntarismus. Inzwischen sind aber selbst Anthropologen überzeugt, dass das Konzept „Religion“ von evolutionärem Nutzen ist. Die Fähigkeit, in diesem Licht sein eigenes Leben zu betrachten, fördert die Sinnfrage. Nur so können ansonsten sinnlos oder zufällig erscheinende Schicksalsschläge sinnvoll gedeutet werden.

Seit Urzeiten ist in allen Kulturen auch das Bemühen verbreitet, in die Zukunft blicken zu können. Als Wahrsagen, Wahrsagung oder Mantik werden in der Kulturgeschichte, Ethnologie und Esoterik die dazu angewendeten Praktiken bezeichnet. Mit vielfältigen Methoden möchte man verborgenes Wissen erlangen, um die Probleme des Lebens besser meistern zu können. Vor allem werden wichtige Entscheidungshilfen angestrebt. Die am meisten verbreiteten Techniken sind das Handlesen, Kartenlegen, Pendeln und die Astrologie.

Aber auch die Kristallkugel, das Kaffeesatzlesen und die Numerologie finden ihre Anwendung. Jedenfalls hat das Wahrsagen Geschichte, da bereits Könige Orakel befragten, ob ihre bevorstehenden Feldzüge gelingen werden. Auch Alexander der Große gehörte dazu, genau so wie der reiche König Krösus und Feldherr Wallenstein, der sich von Johannes Kepler sein Horoskop erstellen ließ. Am häufigsten waren es aber immer Verliebte, die wissen wollten, ob ihre Liebe erwidert wird und wie die Aussichten auf ein gemeinsames, glückliches Leben mit ihrem/ihrer Liebsten bestellt sind.

Leider erwiesen bzw. erweisen sich etwa 90 Prozent der Wahrsagungen als Schwindel. Dennoch gibt es auch überzeugende Beispiele für zutreffende Voraussagen. Der deutsche Wissenschaftler Prof. Dr. Hans Holzer vertritt die Theorie, dass bei eingetroffenen Wahrsagungen „diese Ereignisse schon vor dem betreffenden Moment feststanden." Seiner Erkenntnis nach gibt es ein Universalgesetz, das diese Welt regiert und eine für alle unsichtbare benachbarte Welt. Konkret meint Prof. Holzer dazu: „Für mich ist das Schicksal kein allmächtiges Kismet, sondern ein intelligentes, gerechtes System, in dem die Person weder Pfand, noch Macht ist, sondern Partner." Was der jeweilige Mensch dann aus den Möglichkeiten, die ihm die Wahrsagung bietet macht, bestimmt sein Schicksal.

Da viele ihrer eigenen Intuition nicht vertrauen, überlassen sie die Entscheidung lieber den Wahrsagern. Deshalb finden sich sowohl mächtige Wirtschaftsbosse als auch bekannte Künstler in den Kundenkarteien der Wahrsager und Wahrsagerinnen im deutschsprachigen Raum. Zu den entschiedenen Gegnern des Wahrsagens zählen die katholische Kirche, bedeutende evangelische Theologen und Vertreter der Skeptikerbewegung. Theologen vertreten den Standpunkt, dass Wahrsagen mit dem christlichen Glauben unvereinbar sei und sprechen von Täuschung und Selbsttäuschung.

Ein aktuelles Gesprächsthema sind auch heute noch die Weissagungen von Michel de Nostredame (1503-1566), besser bekannt als „Nostradamus." Er arbeitete in Saint-Rémy-de-Provence/Frankreich als Apotheker, Arzt und Astrologe. Berühmtheit erlangte er schon zu Lebzeiten mit seinen prophetischen Gedichten, die aus Gruppen von je 100 zusammengefassten Vierzeilern, den sogenannten Centurien, bestanden. Bis zu seinem Tod veröffentlichte er sieben Centurien. Als typische Merkmale seiner Prophezeiungen gelten das fast vollständige Fehlen konkreter Zeitangaben und Namen. Und das bei einer sehr metaphorischen Sprache und fehlenden Interpunktionen. Durch diese Rätselhaftigkeit lassen seine Voraussagen bis in die heutige Zeit immer neue Deutungen zu.

Im Vorwort an seinen Sohn César spricht er davon, dass die Prophezeiungen „von heute bis ins Jahr 3797" reichen. Er könnte damit aber auch das Jahr 2242 gemeint haben. Für den Zeitraum von 2003 bis 2022 sagte er den Dritten Weltkrieg voraus. Und zwar als den letzten Krieg, der alles in die Luft sprengt. Das wirft allerdings die Frage auf, weshalb Nostradamus auch noch für die Zeit danach Prophezeihungen machte, wenn dieser Krieg doch schon alles vernichtet. Anhänger seiner Weltuntergangstheorie beziehen sich dabei gerne auf den 21.12.2012.

Für viele Menschen gelten die Prophezeiungen des Nostradamus als Offenbarung der Zukunft schlechthin. Anhand der vielfachen Interpretationsmöglichkeiten seiner Ausführungen lassen sich allerdings beliebige Übereinstimmungen zwischen Voraussagen und tatsächlichen Ereignissen finden. Vor allem in angespannten, instabilen Zeiten wird seinen Prophezeiungen große Bedeutung zugemessen.

„Der Sinn des Lebens: etwas, das keiner genau weiß. Jedenfalls hat es wenig Sinn, der reichste Mann auf dem Friedhof zu sein."
Peter Ustinov, Schauspieler und Philantrop

3 – Unsere heutige Gesellschaft

Der etablierte Soziologe Ferdinand Tönnis führte 1887 in seinem Werk „Gemeinschaft und Gesellschaft“ an, dass sich Gemeinschaft vor allem durch gegenseitiges Vertrauen, emotionale Anbindung und Homogenität auszeichnet. Dem stellte er den Begriff Gesellschaft gegenüber, derer sich verschiedene Akteure mit jeweils individuellen Zielen bedienen. Dies ermöglicht seiner Ansicht nach nur eine lose Verknüpfung der Individuen in der Gesellschaft. Sowohl Gemeinschaft als auch Gesellschaft sind für ihn ein gemeinsamer Gegenstand der Soziologie. Zugleich ist für Tönnis Gesellschaft eine besondere Form gegenseitig gewollter Bejahung von Menschen, die sich dieser Form als eines Mittels zur Erreichung ihrer individuellen Ziele bedienen.

Inzwischen wird viel über die zahlreichen Vor- und Nachteile unserer heutigen, stark veränderten Gesellschaft gesprochen und geschrieben. Dabei sind nicht wenige der Meinung, dass sich diese in einer Sackgasse befindet. Schließlich ist eines der wichtigsten Probleme die Ziellosigkeit oder die falsche Orientierung der Menschen. Die heutige Gesellschaft, insbesondere die Jugend, hat kaum noch Ziele, die dem ursprünglichen Schöpfungsgedanken entsprechen. Damit geht aber auch dessen Sinn verloren.

Die Geisteshaltung der meisten (jungen) Menschen ist hauptsächlich auf das materielle Diesseits ausgerichtet. Dabei avanciert die maximale Gestaltung des eigenen materiellen Daseins und des eigenen Wohls zum erklärten Ziel. Und um dieses zu erreichen, wird jede dafür dienliche Maßnahme als erlaubt und legitim angesehen. Dazu aus dem heiligen Qur‘ans: „Der Gesandte Allahs sagte: Zu den schlechtesten unter den Menschen zählt der, der sein Jenseits für sein Diesseits verkauft. Und noch schlechter als jener ist der, der sein Jenseits für das Diesseits eines anderen verkauft.“ Und Imam Sadiq meinte: „Die Liebe zum Weltlichen ist der Ausgangspunkt allen Übels.“

Der österreichische Populärwissenschaftler und Mathematiker Rudolf Taschner äußerte sich kürzlich gegenüber dem KURIER zum Thema Gerechtigkeit und Gleichheit: „Wir sind alle gleich geboren - stimmt, das ist ja gar nicht wahr. Die einen kommen mit weißer, die anderen mit schwarzer Haut zur Welt, als Mann, als Frau, mit guten oder mit schrecklichen Genen ausgerüstet. Die Natur ist nicht gerecht. Gerechtigkeit ist ein Kunstbegriff: Wir wollen sie alle haben und merken mehr und mehr, wir kommen nicht hin. Gerechtigkeit ist der Seele letzte Illusion. Reich wird man heute nur mehr durch Erbschaft oder Glück. Und das ist wieder nicht gerecht“.

Leider haben die Jugend und die Menschen von heute nur wenig positive Erwartungen in die fernere Zukunft. Sie konzentrieren sich vor allem darauf, ihren jetzigen Zustand mit allen nur erdenklichen Kicks zu steigern und auszukosten. Noch dazu werden den Menschen unserer Zeit viele falsche Ziele und Ideale auferlegt, was bereits bei der Erziehung beginnt. Auf diese Art entwickeln sie sich selbst zu einem Problem, anstatt einen konstruktiven Beitrag zur Lösung der gesellschaftlichen Probleme zu leisten. Denn, die Probleme anderer interessieren in der Egoismusfalle gefangene Menschen nicht im Geringsten. Der Mittelpunkt ihres Lebens besteht nur aus den eigenen Vorteilen.

Dazu kommt, dass sich die Anzahl der Jugendlichen, die wegen Alkoholmissbrauchs in Kliniken eingeliefert werden müssen, seit 1990 mehr als verdoppelt hat. Das durchschnittliche Alter des Erstkonsums liegt heutzutage bei 13 und das Durchschnittsalter für den ersten Vollrausch bei 14 Jahren. Und es ist ja auch kein Wunder, denn Kinder werden in unserer Gesellschaft schon frühzeitig an den Geschmack von Alkohol gewöhnt. In vielen Süßigkeiten, Lebensmitteln und sogar Medikamenten (die für diese Altersgruppe als geeignet bezeichnet werden) ist Alkohol enthalten. Während das früher noch ein Dogma war, ist es heute durchaus üblich, Kinder bei Festen und Feiern zumindest ein (halbes) Gläschen Sekt mittrinken zu lassen.

Dieses Erlebnis ist für sie der erste Schritt in die Erwachsenenwelt. Schließlich leben es die Erwachsenen den Kindern eindrucksvoll vor, dass Alkohol (und das nicht zu knapp) zum Erwachsensein gehört. Die Wenigsten von ihnen wissen allerdings, dass das kindliche Nervensystem wesentlich empfindlicher als beim Erwachsenen reagiert. Bereits ab 0,5 Promille Alkoholgehalt im Blut kann ein Kind bewusstlos werden. Einer französischen Studie zufolge drohen Jugendlichen, die Alkohol in großen Mengen trinken, dauerhafte Hirnschäden. Die Gruppendynamik der Gleichaltrigen verstärkt diesen Trend noch zusätzlich. Regelmäßiges Rauchen und Alkoholkonsum erfolgen öfters, wenn sich Jugendliche mit Freunden nach der Schule oder am Abend treffen.

Auch wenn es grotesk klingt, Experten sind der Meinung, dass die Suchtprävention bereits im Kindergartenalter beginnen muss, da Alkoholexzesse bei Kindern und Jugendlichen (das sogenannte Komatrinken) zumeist in der frühen Kindheit seine Wurzeln hat. Wenn das Kleinkind bei jedem Schrei gleich seine Flasche, ein süßes Leckerli oder eine sonstige Nascherei bekommt, wird es nur schwer lernen, mit seinen häufigen Unlustgefühlen umzugehen. Es gewöhnt sich sehr rasch an die orale Dämpfung dieser Unzufriedenheit. Natürlich ist auch die Vorbildwirkung der Eltern für das spätere Trinkverhalten des Kindes mitentscheidend. Wenn es das Kind als normal miterlebt, dass bei jedem Essen (und in Frustmomenten) Wein, Bier oder sonstiger Alkohol getrunken (bis gesoffen) werden, verinnerlicht es sehr rasch diese bedenkliche Problemlösungsstrategie.

Wesentlich besser wären Eltern beraten, mit dem Kind je nach Alter klare, verbindliche Regeln zu vereinbaren. Unter 16 Jahren sollte ohnehin sowohl ein absolutes familiäres als auch gesetzliches Alkoholverbot herrschen. Das wäre zumindest ein erster Ansatz, um dem derzeitigen Trend zum exzessiven Trinken in vielen europäischen Ländern entgegenzuwirken.

Natürlich ist in unserer heutigen Gesellschaft auch Geld omnipräsent. Und der Umstand, dass das Geldsystem zusammenzubrechen droht, erzeugt viele existentielle Ängste bei den Menschen. Geschürt durch die Medien sind wir von einer Massenhysterie nicht mehr allzu weit entfernt. Und beim Thema Geld spiegelt sich nicht nur das kollektive Bewusstsein der Gesellschaft, sondern vor allem die bisherige und derzeitige Lebenssituation des Einzelnen wider. Dazu kommt, dass die Zukunft des Euro ziemlich ungewiss ist. Die Einführung eines neuen Krisenmechanismus zur Rettung des Euro klingt ja tatsächlich bedrohlich. Somit erscheint die ultimative Krise unserer Währung realistisch. Drastische Signale der Finanzmärkte erreichen uns ohnehin schon fast täglich.

Das heute gelebte Prinzip des Fortschritts und Wachstums in den Bereichen Wirtschaft, Wissenschaft, Technologie und Einkommen mutet auf den ersten Blick sehr positiv an, da es doch für den Einzelnen eine gute Ausbildung und Arbeitsmöglichkeit, ein besseres Einkommen und mehr Geld, Besitz, Erfolg und Ansehen als je zuvor bedeutet. Allerdings sind die Konzepte, Argumente, Ideen und Vorgangsweisen der etablierten Parteien sehr austauschbar geworden. Wer an den Schalthebeln der Macht die Möglichkeit dazu hat, langt ohne zu zögern zu und bedient sich ohne Gewissensbisse selbst.

Wie die Experten von Deloitte kürzlich herausfanden, wird bis 2020 die Zahl der Dollar-Millionäre in den Industrienationen um zwei Drittel ansteigen. Das heißt, wer jetzt schon reich ist, wird noch reicher. Damit wird es bis 2020 in den Industrienationen bereits 55,5 Millionen Dollar-Millionäre geben. Das sind knapp 66 Prozent mehr als heute. Ihr Schärflein tragen dazu auch die aufstrebenden Schwellenländer wie China, Brasilien und Indien bei. Die Zahl der Reichen wird sich dort auf zehn Millionen mehr als verdoppeln. Die Schere zwischen Arm und Reich tut sich dabei immer weiter auf. In den OECD-Ländern verdienen übrigens die oberen zehn Prozent neun Mal so viel wie das ärmste Zehntel.

Leider bleiben dabei aus der Sicht der „Normalsterblichen" die großen gesellschaftlichen Probleme praktisch ungelöst auf der Strecke. Und dazu gehören immerhin Arbeitslosigkeit, Bildung, (Jugend-)Kriminalität, Alkoholmissbrauch, Sucht- und Drogenprobleme, Integration der Ausländer, soziale Sicherheit, die Verkehrsexplosion, Energie- und Strukturveränderungen, Altersvorsorge und Pensionsfinanzierung, faire Managergehälter, Umweltherausforderungen, Medizin- und Krankenversorgung sowie der immer stärker werdende Egoismus.

Zugleich werden die vorhandenen Ressourcen immer stärker umverteilt und neue Gesetzes- und Reformfluten brechen auf uns herein - alles Faktoren, die unser Leben um ein Vielfaches komplizierter, mühsamer und vor allem auch teurer machen. Selbst Rechts- und Wirtschaftsfachleute schaffen es heute kaum noch, den wirren Dschungel an Gesetzen, Vorschriften und Bestimmungen zu durchschauen. Aber auch die Medienlandschaft und die Werbung spiegeln die aktuellen Trends der heutigen Gesellschaft anschaulich wider. Doch dazu kommen wir noch später. Tja, und wer ist nun eigentlich die Gesellschaft? Das sind letzten Endes wir alle, bis auf den Einzelnen heruntergebrochen. Selbst einst unverrückbare ethische Prinzipien gelangen dabei zunehmend ins Wanken. Man denke nur an die geplante Aufhebung des Inzest-Verbotes in der Schweiz.

Immer öfter wird in den Medien über „Globalisierung" und die zahlreichen Demonstrationen dagegen berichtet. Neben den erklärten Globalisierungsbefürwortern gibt es auch viele Kritiker, die gegen dieses Wirtschaftsmodell Sturm laufen. Während sich die Welt ständig verändert, läuft dieser Prozess für so manchen wesentlich schneller ab, als ihm lieb ist. Tatsächlich sehen Experten einen völligen Umbruch gegenüber dem jetzigen System. Das Ziel der Globalisierung ist dabei eine zunehmend weltweite Verflechtung aller wesentlichen Bereiche wie Wirtschaft, Politik, Kultur, Umwelt, Kommunikation, etc. Dabei kann man von einer sichtlichen Verdichtung der globalen

Beziehungen auf der Ebene von Individuen, Gesellschaften, Institutionen und Staaten sprechen.

Die grundlegenden Ursachen dieses weltweiten Trends sind der technische Fortschritt bzw. die „digitale Revolution“, vor allem was die Kommunikations- und Transporttechniken anbelangt. Dazu kommen auch noch die politischen Entscheidungen zur Liberalisierung des Welthandels, der kontinuierlich wachsen soll. Ebenso wird eine Zunahme der ausländischen Direktinvestitionen und globalen Unternehmenskooperationen angestrebt. Das soll die sogenannten Global Player und Finanzmärkte stärken sowie die Ressourcen der Erde neu verteilen.

Ein uns alle betreffendes Problem ist dabei allerdings, dass die Nationalstaaten in immer stärkere wirtschaftliche Konkurrenz zueinander treten und der Standortwettbewerb eskaliert. Das wiederum wirkt sich entscheidend auf die Sicherheit der heimischen Arbeitsplätze aus. Aber auch die Umweltbelastungen und damit das Ozonproblem steigen durch die globale Produktion an. Ebenso bringt eine globalisierte Welt beträchtliche sicherheitspolitische Probleme mit sich. Ohne intensive polizeiliche Zusammenarbeit aller Staaten wird es nicht mehr möglich sein, Verbrecher effizient zu fassen und entsprechende Präventivmaßnahmen zu ergreifen. Davon sind wir aber derzeit noch weit entfernt.

Dennoch erfolgt bereits der internationale Rechtsverkehr mit einer Vielzahl an völkerrechtlichen Verträgen und Vereinbarungen. Auch die internationalen Organisationen sind im Wachsen begriffen. Man spricht von der Zunahme einer internationalen Öffentlichkeit bzw. einer auf globale Ereignisse ausgerichteten medialen Berichterstattung.

Das ganze setzt sich über die immer stärker werdende Gen-Manipulation und Embrio-Nutzung fort. Und die Politik beugt sich zunehmend der Macht von Wirtschaftsinteressen oder ist in vielen Fällen sogar selbst daran beteiligt. Täuschung und Worthülsen dominieren zahlreiche Aussagen, Macht und Profitgier werden immer offener demonstriert. Feindliche Konzernübernahmen sind längst an der Tagesordnung. Ganz zu schweigen von all den kleinen, uns einst so vertrauten Händlern und Gewerbetreibenden, die von großen Unternehmensketten erbarmungslos hinweggefegt werden. Maßlosigkeit beherrscht in vielen Bereichen unser Leben, und zahlreiche lukrative Geschäfte werden dabei mit der Angst der Menschen gemacht.

Arbeitnehmer, die heutzutage noch eine Fixanstellung haben, gehören bereits zu den Privilegierten. Dafür sollen sie aber auch mehr und länger arbeiten, um die eingesparten Arbeitskräfte auf wirtschaftliche Weise zu kompensieren. Zugleich sind neue Ideale entstanden, die Jugend, Schönheit, Talent und Reichtum als erstrebenswerteste Ziele propagieren. Wenn diese hochgejubelten Protagonisten über den Red Carpet laufen, denkt aber kaum jemand daran, wie vergänglich und oberflächlich doch all diese scheinbaren Werte sind.

Apropos Werte, dabei darf auf keinem Fall unerwähnt bleiben, dass ältere oder gar alte Menschen in unserer heutigen Gesellschaft bedauerlicher Weise immer mehr an Wert verlieren. Ein nachdenklich stimmendes Beispiel davon bietet der aktuelle Altenbericht 2010 aus Deutschland, dem zufolge ältere Menschen eine sichtlich schlechtere ärztliche Betreuung als jüngere erhalten. Es steht nämlich fest, dass Menschen, die älter als 65 Jahre sind, nach einem Herzinfarkt „weniger kostenintensiv behandelt" werden. Altersmäßig fortgeschrittene Patienten erhalten am öftesten falsche und viel zu viele Medikamente. Dieser Bericht besagt, dass einem Fünftel der über 70jährigen täglich 13 oder mehr Wirkstoffe verabreicht werden.

Dass unsere Gesellschaft aber auch zunehmend altert, die Lebenserwartung steigt und die Geburtenrate sinkt, sorgt für weitere tiefschürfende Probleme. Welchen Platz sollen die „jungen Alten" bei diesem demographischen Wandel in der Gesellschaft einnehmen? Zugleich werden auch die staatlichen Pensionssysteme vor massive Belastungen gestellt. Keine Generation lebte bisher so lange wie wir: Frauen durchschnittlich 82,4 und Männer 76,6 Jahre. Im Schnitt können die Österreicher den Ruhestand 23,1 Jahre lang genießen. Das ist seit 1970 eine Verdoppelung. Das niedrige Antrittsalter und die stark gestiegene Lebenserwartung sind die Gründe dafür. 2060 werden schon 30 Prozent der Wirtschaftsleistung in Renten, Pflege und Gesundheitsversorgung fließen müssen.

In zwölf der 25 EU-Staaten gibt es heute bereits mehr Sterbefälle als Geburten, und eine seriöse Prognose besagt, dass die Zahl der erwerbsfähigen Menschen in der EU im Jahre 2050 um 53 Millionen geringer sein wird als heute. Der betrieblichen und privaten Vorsorge kommt daher zur Altersvorsorge immer größere Bedeutung zu. Schließlich vertrauen heute nur mehr 12 Prozent der arbeitenden Bevölkerung auf eine staatlich gesicherte Pension.

Und was den Arbeitsmarkt anbelangt, so ist der Trend unverkennbar, nach dem heutzutage bevorzugt junge, attraktive und dynamische Menschen eingestellt werden. Schließlich möchte man doch das herzeigbare Image des jungen, aufstrebenden Mitarbeiters mit einer entsprechenden Außenwirkung auf das ganze Unternehmen übertragen. Dass dieser jedoch völlig unerfahren ist und älteren Dienstnehmern in den meisten Belangen nicht das Wasser reichen kann, hat dabei keine Bedeutung. Schließlich beansprucht er für sein Weiterkommen vorerst wesentlich weniger Gehalt, was für die Firmenleitung entsprechend zählt. Menschen ab 40 gelten heute als nicht mehr vermittelbar. Erfahrung hat dabei jeglichen Wert verloren.

Eine weitere Geisel unserer heutigen Zeit und Gesellschaft ist, dass sich die Genusssucht im Allgemeinen und die Süchte, Abhängigkeiten und Missbräuche im Speziellen immer stärker verbreiten. Dieses Verhalten wird den Menschen auch ziemlich einfach gemacht, denn Genussmittel aller Art kann man heute fast überall problemlos kaufen - sogar die tödlichen. Und das sollte uns wirklich zu denken geben. Dabei muss man nicht drogenabhängig, ein hoffnungsloser Trinker oder Kettenraucher sein. Auch die versteckten Süchte des Alltags sind nicht unterschätzen. Dazu gehören die Kaufsucht, Spielsucht, Arbeitssucht, Sex-Sucht, Internetsucht, Ess-Sucht, Körpersucht und sogar etwas so Triviales, wie die Sucht nach Sonnenbräune. Ein Leben zwischen Fülle und Leere treibt oft die seltsamsten Blüten hervor.

Aber auch viele versteckte oder nicht mehr zu versteckende Leiden und Krankheiten setzen den Menschen in unseren Zeiten beharrlich zu. Häufig ist selbst die so fortgeschrittene Medizin dagegen hilflos und kennt nicht einmal die wahren Ursachen. Altes spirituelles Wissen und über Jahrhunderte bewährte Naturheilmittel werden meistens ignoriert, wenn nicht sogar diffamiert. Zur Behandlung gelangen hauptsächlich nur mehr die Symptome, ohne deren Entstehung zu ergründen. Welcher Mediziner nimmt sich denn noch Zeit dafür bzw. bringt das nötige Interesse auf? Stattdessen begnügen sich viele Ärzte damit, Beschwerden bloß zu lindern. Der eigentliche Wunsch nach umfassender Heilung wird somit für viele Patienten immer utopischer.

Ja, selbst Wohlstand ist kein Allheilmittel unserer Gesellschaft. Schließlich erscheint vielen ihr Leben trotz gut situierter Umstände geradezu sinnlos. Ein ausgeprägt materiell orientiertes Dasein sorgt zugleich für Distanz zur geistigen Daseinsebene. Die inneren Werte der Mitmenschen finden in dieser emotional sterilen Umgebung viel zu wenig Beachtung. Dafür werden die Menschen immer oberflächlicher, zerstreuter, abgelenkter, unverbindlicher und emotional kälter.

Leider zeigen diese Erkenntnisse schonungslos auf, dass unsere heutige Gesellschaft keinen ausreichenden Halt mehr bietet. Die meisten angestammten Werte sind inzwischen auf religiöser, moralischer und ethischer Basis langfristig verloren gegangen. Zugleich ist die Gesellschaft zunehmend gottloser geworden. Wer gibt heute noch öffentlich zu, dass er betet? Das würde doch nur nach Hilflosigkeit und Verzweiflung aussehen. Und wir haben uns heutzutage doch alle so smart, cool und souverän zu präsentieren. Dabei ist zu viel Menschlichkeit oder gar Schwächen zu zeigen, ziemlich verpönt. Und bewusste oder unbewusste spirituelle Orientierung ist in unserer aalglatten Leistungsgesellschaft ohnehin schon längst zum Fremdwort geworden.

In diesem Sinne spiegelt auch die Werbung auf anschauliche Weise die aktuellen Trends bzw. die Mentalität der jeweiligen Gesellschaft wider. Grundsätzlich dient sie der bewussten als auch unbewussten Beeinflussung des Menschen zu kommerziellen Zwecken. Das heißt, Werbebotschaften sollen informieren und zugleich bei den Konsumenten auch Bedürfnisse wecken. Dabei ist es durchaus legitim, dass z.B. TV-Spots des Öfteren eine kleine Story erzählen und/oder einen amüsanten Gag beinhalten. Aufmerksamen Beobachtern wird allerdings nicht entgangen sein, dass sich in die heutigen Botschaften (gegenüber früher) ein bedenklich egoistisches Verhalten der darstellenden Personen eingeschlichen hat.

In vielen Szenen wird zum Beispiel dem Partner etwas zum Kosten angeboten, das ihm dann aber, wenn er zulangen will, vor der Nase weggezogen und mit süffisantem Grinsen selbst verdrückt wird. Oder ein Notfallpatient wird aus dem Krankenwagen in der Pampas abgesetzt, damit Platz für eine Palette Joghurt-Drinks zum Genuss des Rettungspersonals, frei wird. Nicht unerwähnt soll auch der „liebe Papa“ bleiben, der seine kleine Tochter im Auto zur Schule bringt. Als die Kleine aussteigt, vergisst sie ihre Schultasche mit der Jause im Auto. Der Vater bemerkt das und gibt sofort Gas, um sich blitzartig aus dem Staub zu machen, damit er gleich darauf die vom Töchterchen vergessenen Schnitten selbst verdrücken kann.

Und ältere Menschen lässt man nicht selten als weltfremde, verkindlichte Dumpfbacken agieren. Diese respektlosen bis entwürdigenden Beispiele ließen sich beliebig fortsetzen, doch muss man sich ernsthaft fragen, ob jene Gags wirklich zum Lachen sind bzw. auch nur einen Funken an erzieherischer und gesellschaftlicher Vorbildwirkung beinhalten.

In Österreich gibt es heute mehr Familien als früher (2,33 Millionen gegenüber 2,05 Millionen vor 25 Jahren). Bloß der Nachwuchs ist ins Stocken geraten. Heute kommen durchschnittlich nur mehr 1,67 Kinder auf eine Familie. 1985 waren es noch 1,87. Zugleich sind „Ein-Eltern-Familien“ im Vormarsch - aktueller Weise knapp 300.000 mit statistischen 1,42 Kindern pro Alleinerzieher.

Zugleich drängt sich die Frage auf, ob Kinder für unsere heutige Gesellschaft nicht schon zu teuer geworden sind. Viele Paare überlegen es sich inzwischen nämlich sehr, ob sie es sich finanziell tatsächlich leisten können, ein Baby zu bekommen. Denn die Kosten entstehen bereits vor der Geburt, wenn man nur an die zahlreichen Vorsorgeuntersuchungen, Ultraschallbilder u.s.w. denkt. Und was danach noch alles so auf die frischgebackenen Eltern zukommt, kann schon bald in einem finanziellen Engpass ausarten.

Kinderzimmereinrichtung, Kinderwagen, Babybett, Wickeltisch, Kleidung, Fläschchen, Windeln, Cremes, Spielsachen, Kuscheltiere, das Kindermädchen u.v.m. summieren sich schließlich beträchtlich. Dabei reichen diese Dinge nur für die erste Zeit. Die kontinuierlich nachfolgenden Ausgaben, vor allem wenn die Schulzeit beginnt, sind noch beträchtlich höher. Tja, und obwohl es immer heißt: „Kinder sind unsere Zukunft“, lebt heute jedes zweite Kind in Deutschland in Armut.

Und mit der Armut sind wir auch schon beim nächsten Thema angelangt, das sich wie ein roter Faden quer durch unsere Gesellschaft zieht. Diese gibt es nämlich nicht nur in den weit entfernten Entwicklungsländern, sondern auch bei uns in Mitteleuropa. Österreich ist beispielsweise das siebentreichste Land der Welt. Dennoch steigt auch hier die Armut kontinuierlich an. Ebenso wie die Anzahl an EinwohnerInnen, die über ein Vermögen von über einer Million Euro verfügen. 1,2 Millionen Menschen sind in diesem Land armutsgefährdet. 420.000 davon sind konkret arm. Auch die Zahl der Privatkonkurse legte 2011 mit 9 Prozent gegenüber dem Vorjahr zu. Die offenen Forderungen stiegen um 16 Prozent.

Viele haben Schulden und/oder können nicht ausreichend heizen oder dringende medizinische Hilfe in Anspruch nehmen. Vor allem der Anteil von Familien mit drei und mehr Kindern sowie Migrationshintergrund ist dabei besonders hoch. Natürlich sind auch zahlreiche AlleinerzieherInnen betroffen. 14 Prozent der Frauen in unserem Land leben von einem Einkommen unter 785 Euro im Monat. Und ständiger Verzicht schwächt jegliches Selbstwertgefühl. Da die Gesellschaft unter solchen Umständen permanenten Stress ausübt, sind damit auch schwere psychische Belastungen für die Betroffenen verbunden.

Arbeitslosigkeit ist einer der Hauptgründe für die Armut in Österreich. Allen politischen Jubelmeldungen zum Trotz sind derzeit zwischen 200.000 und 300.000 Menschen arbeitslos, davon über 50.000 Jugendliche. Mehr als 7.000 junge Menschen finden keine Lehrstelle und sind daher vom Erwerbsleben ausgeschlossen, noch bevor sie es kennen lernen konnten. Aber auch Lehrlinge sind während ihrer Ausbildungszeit besonders armutsgefährdet. Die Armutsgrenze wird im Alpenland übrigens derzeit mit monatlich 900,- oder 770,- Euro 14mal jährlich festgesetzt.

Auch der Zugang zu Bildung ist in Österreich nicht bloß ein Thema von Berufswunsch und/oder Intelligenz, sondern vielmehr eine Frage der familiären Herkunft. Kinder aus ärmeren Familien bleiben am Bildungsweg oft auf der Strecke, wenn es um den harten Wettstreit des Lernens geht. Das Haushaltseinkommen, der damit verbundene Lebensstandard und die Ausbildung der Eltern sind der Grundstein für den weiteren Lebensweg des Kindes. Die derzeit zu frühe Selektion in Hauptschule und Gymnasium verstärkt diese Entwicklung zusätzlich. Damit wird im Alter von 10 Jahren für die Kinder eine schicksalsschwere Entscheidung über ihr weiteres Leben getroffen.

Die PISA-Ergebnisse zeigen deutlich auf, wie notwendig eine rasche Umsetzung der begonnenen Bildungsreformen ist – und zwar über alle parteipolitischen Grenzen hinweg. In diesem Zusammenhang soll in Österreich das Projekt einer neuen Mittelschule mit zwei Lehrern in Deutsch, Mathematik und Englisch realisiert werden. Weitere Ziele der Bundesregierung sind die Sprachförderung bereits ab dem Kindergarten, kleinere Klassen und Individualisierung im Unterricht, Ausbau der ganztägigen Schulangebote mit verstärkter Förderung, Investition in die Lehrerbildung- und Fortbildung sowie weitere sinnvoll erscheinende Maßnahmen.

Bildung ist schließlich eines der wesentlichsten Merkmale für den Wert des Humankapitals, das einer Gesellschaft zur Verfügung steht. Als Vorreiter auf diesem Gebiet gilt Skandinavien, wo dafür gesorgt wird, dass die jungen Leute eine bessere Bildung und dadurch bessere Möglichkeiten erhalten. Auf diese Weise soll auch die Zahl der Armen entsprechend reduziert werden. Neben der formalen Grundausbildung gewinnt heutzutage - gegenüber früher - die darüber hinausgehende Weiterbildung im Sinne eines lebenslangen Lernens immer größere Bedeutung. Noch nie ist unser Wissen so schnell veraltet wie heute. Man geht sogar davon aus, dass fachliches Wissen bereits nach fünf Jahren seine Halbwertzeit erreicht hat. Ohne ständige Weiterbildung wird beruflicher Erfolg nicht mehr aufrecht zu erhalten sein.

Zugleich machen völlig neue Projekte, wie das „Mentoring-Programm“ in Österreich zunehmend Schule. Dabei handelt es sich um eine bemerkenswerte Initiative der Wirtschaftsuniversität Wien und der Caritas, die u.a. von der REWE Group finanziell unterstützt wird. Hier übernehmen rund 50 WU-Studentinnen ein Lern-Tandem mit jeweils einem ambitionierten Kind, das nun mal nicht das Glück hatte, in Verhältnissen aufzuwachsen, bei denen die Familie den Weg zu höherer Bildung ebnet. Als nachhaltiges Ziel des neuen Projekts soll sozial benachteiligten Kindern und Jugendlichen, unabhängig von ihrer Herkunft und dem Elternhaus, die Chance auf Ausbildung und eine erfolgreiche Karriere ermöglicht werden.

Als ein weiteres Erfolgsmodell, das es nur im deutschsprachigen Raum gibt, entwickelt sich zunehmend die „duale Berufsausbildung“. Die damit verbundenen Möglichkeiten sind europaweit gesehen einzigartig. Dabei handelt es sich um eine Kombination von Theorie in der Berufsschule und praktischer Ausbildung im Betrieb. Mit der (in Österreich kostenlosen) Berufsmatura ist auch der Weg zum Hochschulstudium geebnet. Dieses Modell bietet daher entscheidende Vorteile im internationalen Wettbewerb. Zugleich sind junge Menschen in Ländern mit dualen Berufsbildungssystemen relativ gut vor Erwerbslosigkeit geschützt. In Österreich beispielsweise fiel der Anstieg der Jugendarbeitslosigkeit in den letzten Jahren wesentlich geringer aus als im EU-Durchschnitt. Und besonderes Augenmerk wird dabei zusehends auf sogenannte „green jobs“ gelegt.

4 – Menschen, Wunder, Visionen

Manche von ihnen wurden berühmt und erlangten höchste Ehren und Auszeichnungen, anderen wiederum blieb jegliche Anerkennung verwehrt, und wieder andere gingen als die größten Verbrecher bzw. Massenmörder in die Geschichte ein. Eines haben sie jedoch alle gemein, sie übten einen nachhaltigen Eindruck auf die Welt und ihre Entwicklung aus.

Hervorzuheben wären dabei vor allem folgende Persönlichkeiten: Jesus von Nazareth, Johannes der Täufer, Moses, Sokrates, Aristoteles, Platon, Buddha, Homer, Archimedes, Konfuzius, Gaius Julius Cäsar, Kleopatra, Mohammed, Hippokrates, Dschingis Khan, Alexander der Große, Galileo Galilei, Karl der Große, Johannes Gutenberg, Christoph Columbus, Nikolaus Kopernikus, Leonardo da Vinci, Paracelsus, Johanna von Orleans, William Shakespeare, Martin Luther, Victoria I., Blaise Pascal, Isaac Newton, Immanuel Kant, James Watt, Michael Faraday, Charles Darwin, Alexander Graham Bell, Marie und Pierre Curie, Henri Dunant, Thomas Edison, Alexander Fleming, Robert Koch, die Brüder Lumiere, Justus von Liebig, Nicolaus August Otto, Wilhelm Conrad Röntgen, Anders Celsius, Lord Kelvin, Werner Siemens, Konrad Zuse, Wolfgang A. Mozart, Friedrich Schiller, Johann Wolfgang von Goethe, Giaccomo Casanova, Napoleon Bonaparte, Ludwig van Beethoven, Abraham Lincoln, die Gebrüder Wright, Alfred Bernhard Nobel, Louis Pasteur, Albert Einstein, Sigmund Freud, Robert Oppenheimer, Mao Tse Tung, Mahatma Gandhi, Karl Marx, Vladimir Lenin, Al Capone, Charlie Chaplin, Adolf Hitler, Josef Stalin, Ernest Hemingway, Hermann Gmeiner, Pablo Picasso, Henry Ford, John F. Kennedy, Nicola Tesla, Max Planck, Antoine de Saint-Exupery, Michail Gorbatschow, Mutter Theresa, Lady Diana, Osama Bin Laden, Bill Gates, Papst Johannes Paul II., Barack Obama ...

Diese Aufzählung erhebt natürlich keinen Anspruch auf Vollständigkeit. Eine solche kann nach aktuellen Gesichtspunkten eventuell die Liste der 100 einflussreichsten Menschen der Welt bieten, die das US-Magazin „Time“ jährlich kürt. Aufgenommen wird in diese Liste nur, wer nach Ansicht der Time-Redaktion die Welt formt und gestaltet. Die exzentrische Sängerin Lady Gaga, der frühere US-Präsident Bill Clinton und Brasiliens Präsident Luiz Inacio Lula da Silva gehören der Einschätzung dieses Print Mediums nach zu den derzeit 100 einflussreichsten Menschen der Welt.

Weiters auf dieser Liste vertreten sind unter anderem US-Präsident Barack Obama, Oscarpreisträgerin Kathryn Bigelow, Schauspieler Robert Pattinson,

J.T. Wang, CEO des Computerkonzerns Acer, Yukio Hatoyama, Premiereminister Japans und Salam Fayyad, Ministerpräsident der palästinensischen Autonomiegebiete. Wie das Magazin verlautbart, geht es ihm bei dieser Auflistung nicht um den „Einfluss von Macht“, sondern um die „Macht des Einflusses“. Zur Person des Jahres 2010 wurde übrigens der 26jährige US-Amerikaner Mark Zuckerberg als Gründer vom Online-Netzwerk Facebook gekürt. Der Studienabbrecher ist jüngster Self-made-Milliardär der Geschichte. Das Vermögen des Reihenhausbewohners wird vom US-Magazin Forbes mit 6,9 Milliarden Dollar beziffert. Die Hälfte davon hat er kürzlich der von Bill Gates gestarteten Wohltätigkeitsinitiative gespendet.

Neben den bedeutenden religiösen, ideellen und philosophischen Errungenschaften der Weltgeschichte gab es auch jene berühmten Bauwerke, die als die „Sieben Weltwunder“ der Antike in die Geschichte eingingen. Die älteste Überlieferung einer Liste dieser Weltwunder geht auf den Geschichtsschreiber Herodet (etwa 450 v. Chr.) zurück. Weitere Informationen darüber finden sich in einem Epigramm des Schriftstellers Antipatros von Sidron (2. Jh. v. Chr.). Phylon von Byzanz beschrieb sie später noch in der Schrift „De septem mundi miraculis.“

Leider gibt es nur sehr wenige antike Darstellungen der Weltwunder. Zumindest aber konnten einige Münzprägungen mit dem Helioskopf, der Zeusstatue und dem Leuchtturm von Alexandria gefunden werden. In der Renaissance-Zeit entstanden vom niederländischen Künstler Maerten van Heemskerck und im Barock vom österreichischen Architekt Johann Bernhard Fischer von Erlach vielbeachtete Darstellungen der Wunder nach deren Vorstellungen.

Im Reiseführer des Antipatros wurden folgende sieben Geniestreiche als die imposantesten und prunkvollsten Bauwerke seiner Zeit und seines Kulturkreises angeführt:

1. Die hängenden Gärten der Semiramis zu Babylon
2. Der Koloss von Rhodos
3. Das Grab des König Mausolos II. zu Halikarnassos
4. Der Leuchtturm auf der Insel Pharos vor Alexandria
5. Die Pyramiden von Gizeh in Ägypten
6. Der Tempel der Artemis in Ephesos
7. Die Zeusstatue des Phidias von Olympia

Heute existieren von diesen Weltwundern leider nur noch die Pyramiden von Gizeh. Alle anderen wurden durch Erdbeben und Kriege zerstört oder sind im Lauf der Geschichte einfach zerfallen. Da die Zahl „Sieben“ in der Antike als „vollkommen“ galt, umfasst die Liste genau sieben Weltwunder. Durch diese festgelegte Zahl sollte auch die Bedeutung der Bauwerke erhöht werden. Mögliche Kandidaten wären noch die „Stadtmauern von Babylon“ und der „Turm zu Babel“ gewesen. Da sie aber schon sehr früh nicht mehr existierten, wurden sie nicht in die Liste aufgenommen.

Auch die architektonischen Weltwunder der Moderne finden inzwischen große Beachtung. Als solche wurden sieben Bauwerke ernannt, die sich durch ihre faszinierende Baukunst bzw. durch ihr außergewöhnliches Äußeres von anderen Werken abhoben. Dabei ging es nicht um Rekorde, sondern um architektonische Meisterleistungen, die sich gegen alle Widersprüche durchsetzten. 1995 erstellte die „American Society of Civil Engineers“ eine neue Liste der Sieben Wunder unserer modernen Welt. Dazu gehören:

1. CN Tower (Toronto, Kanada)
2. Deltawerke (Niederlande)
3. Empire State Building (New York, Vereinigte Staaten)
4. Eurotunnel (Ärmelkanal, Frankreich-England)
5. Golden Gate Bridge (San Francisco, Vereinigte Staaten)
6. Itaipu-Damm (Brasilien und Paraguay)
7. Panamakanal (Mittelamerika, Atlantik-Pazifik)

Allerdings ist anzumerken, dass bei der Erfassung dieser Auswahl andere, ebenfalls grandiose Bauwerke noch nicht fertig gestellt waren. Zum Beispiel die momentan höchsten Wolkenkratzer Taipai 101, Burj Kalifa (mit 828 Metern das höchste Bauwerk der Welt) oder das Viaduc de Millau, die höchste und längste Schrägseilbrücke der Welt sowie der einzigartige, 57 km lange Schweizer St. Gotthard-Tunnel. Und nicht zu vergessen, der 2012 erfolgende Baustart für den „höchsten Baum“ der Welt, der in Taiwan errichtet wird. Tatsächlich handelt es sich um kein echtes Laub- oder Nadelholz, sondern um einen futuristischen Wolkenkratzer aus Stahl. Der rumänische Architekt Stefan Dorin entwarf einen Turm, der 300 Meter in die Höhe ragt und an dem sich acht Sternwarten in Form von riesigen Blättern befinden.

Analog zu den Weltwundern als Werke aus Menschenhand werden auch diverse imposante Kreationen der Natur als solche bezeichnet. Ein Großteil davon wird als „Weltnaturerbe“ der UNESCO geführt:

1. der Amazonas in Brasilien
2. die Antarktis
3. die Geysire auf Island
4. die Polarlichter in Norwegen und Schweden
5. der Uluru, früher Ayers Rock genannt, in Australien
6. die Viktoriafälle zwischen Simbabwe und Sambia
7. der Grand-Canyon in Arizona/USA

Aber auch die Niagarafälle und das Great Barrier Reef in Austrialien tauchen in diesem Umfeld immer wieder auf. Und neuerdings sogar der Schwarzwald, die Donau und das Wattenmeer.

Gelegentlich ist auch von der Bezeichnung „Achtes Weltwunder“ die Rede. Dabei handelt es sich aber um Dinge, die einen tatsächlichen oder vermeintlichen - oft ironisch gemeinten - Superlativ darstellen ;-). Manchmal bezieht sich der Begriff auch auf das verschwundene „Bernsteinzimmer im Sommerpalast des russischen Zaren bei St. Petersburg“ – ein einzigartiges Kunstwerk aus geschliffenem Bernstein, veredelt mit unzähligen Spiegeln und Edelsteinmosaiken.

Im Jahr 2000 wählte die vom Schweizer Bernhard Weber gegründete New-OpenWorld Foundation weitere „New 7 Wonders of the World.“ Mit dieser Aktivität wollte er Menschen aus aller Welt durch ihr gemeinsames kulturelles Erbe miteinander verbinden. Eine Online-Wahl sowie eine Jury-Entscheidung waren für folgende Auswahl verantwortlich:

1. Chichén Itzá, Maya-Ruinen auf der Halbinsel Yucatán (Mexiko)
2. Chinesische Mauer, Grenzbefestigungsanlage (Volksrepublik China)
3. Cristo Redentor, Christusstatue in Rio de Janeiro (Brasilien)
4. Kolosseum, antikes Amphitheater in Rom (Italien)
5. Machu Picchu, Inkaruinenstadt in den Anden (Peru)
6. Petra, Felsenstadt (Jordanien)
7. Taj Mahal, Grabmal (Indien)

Angesichts dieser überwältigenden Leistungen menschlichen Denkens und Schaffens und der rasanten heutigen Entwicklung erscheint es nahezu unbegreiflich, dass die Menschheit einst Hunderttausende, wenn nicht Millionen von Jahren ohne nennenswerte Fortschritte vor sich hin dümpelte. In nur zwei Jahrhunderten hingegen erfolgte eine derart sensationelle technische Revolution, wie man es nie zuvor für möglich gehalten hätte.

Die Liste an Wundern und rätselhaften Phänomenen ließe sich allerdings bis in unsere Gegenwart hinein noch endlos fortsetzen. Das beginnt mit Kindern, die Tränen aus Glaskristallen, Steinen oder Dornen weinen, reicht über Carmelo Cortez, einem jungen Filipino, der Bilder von Jesus, Maria und Heiligen auf Rosenblättern entstehen lässt, bis hin zur südaustralischen Wüste, wo das 4,5 km lange Abbild eines schön gezeichneten Aborigineеs entdeckt wurde. Aus heiterem Himmel erschien am 11. Juni 1988 ein weiß gekleideter Mann mitten in einer Gebetsversammlung in Nairobi/Kenia. Zwanzig Minuten sprach er in perfektem Swahili zu den Anwesenden, bevor er auf so wundersame Weise wie er gekommen war, wieder verschwand.

Millionen von Besuchern machen Plätze mit Marienerscheinungen zu populären Wallfahrtsorten. Hohe Beamte der philippinischen Regierung, unter ihnen der Parlamentsvorsitzende, bestätigten, dass am 6. März 1993 für einige Sekunden die Silhouette der Jungfrau Maria zu sehen war.

Auch dem damals 17jährigen Fratel Cosimo erschien in Kalabrien beim Schafe hüten am 11. Mai 1967 die Jungfrau Maria. Bei dieser Erscheinung bat sie ihn, sein Leben für die Bekehrung der Sünder zu ihrem Sohn Jesus Christus aufzuopfern. Seither führt Fratel als Franziskanertertiar ein Eremitendasein mit Beten und Fasten. Der süditalienische Erscheinungsort „Madonna dello Scoglio“ ist inzwischen zu einer Pilgerstätte vieler gläubiger Menschen geworden. Im Gebet mit Fratel Cosimo suchen sie seelische und körperliche Heilung.

Bis heute haben sich an diesem legendären Platz über 8000 dokumentierte Krankenheilungen zugetragen. Sowohl Taube, Blinde, Gelähmte und Krebspatienten, als auch von AIDS, Hepatitis, Arthritis und Wirbelsäulenverkrümmungen Betroffene konnten zum fassungslosen Erstaunen der Schulmediziner geheilt werden. Sogar Menschen, die ursprünglich nicht glaubten und sich erst in der Folge bekehren ließen, waren darunter.

Einer der weltweit am meisten besuchten Wallfahrtsorte ist das in Südwestfrankreich, nahe der spanischen Grenze gelegene Lourdes - oder genauer gesagt, die Grotte von Massabielle beim Fluss Gave du Pau in Lourdes, deren Wasser über Heilkraft verfügen soll. Die Wallfahrt an diesen Ort begann mit einer Serie an Marienerscheinungen im Jahre 1858. Jährlich pilgern derzeit vier bis sechs Millionen Besucher nach Lourdes, um eine Wunderheilung ihrer Krankheiten, Verletzungen und Altersbeschwerden zu erreichen. In mehreren Tausend Fällen soll es tatsächlich zu Spontanheilungen gekommen sein, von denen die katholische Kirche bisher 67 als Wunderheilungen anerkannte.

Ein weiteres ungelöstes Rätsel stellen die faszinierenden Muster der Kornkreise in Getreidefeldern rund um den Globus dar. Oft sind sie nur von einer erhöhten Stelle oder aus der Luft erkennbar. Sie haben einen Durchmesser zwischen 10 und 100 Metern. Bereits 1590 tauchten in Frankreich erste Schriftstücke auf, die auf Kornkreise schließen lassen. 1678 berichtete dann die britische Flugschrift „The moving devil“ über solche Kreise, die als Werk eines mähenden Teufels gedeutet wurden. Später bezeichneten sie deutschstämmige Amish in Südengland als „Hexendanz“ oder „Deiwelskreis“.

Auch von Feenringen war hier immer wieder die Rede. Etwa 150-300 Kornkreise werden inzwischen jährlich gemeldet - die meisten davon aus Südengland. Insgesamt wurden bisher über 6000 unterschiedliche Kornkreise in über 50 Ländern rund um den Globus dokumentiert. Vielfach werden diese ungewöhnlichen Erscheinungen mit außerirdischen Raumschiffen in Verbindung gebracht. Aber auch herabstürzende Luftwirbel und magnetische Anomalien dienen als mögliche Theorien. Manche Kornkreise wurden auch nachweislich von Menschen angelegt, andere wiederum von Fachleuten als absolut „echt“ attestiert. Konkret gibt es leider bis heute noch keine Beobachtung einer natürlichen Entstehung von Kornkreisen.

Dazu kommen die ständigen Sichtungen unbekannter Flugobjekte mit oft gigantischen Ausmaßen. In Häusern und Kirchen erschienen bis zu zwölf Meter hohe Lichtkreuze, von denen manche wundersame Heilungen bewirkten. Aber auch auf den Außenwänden von Häusern werden seit 1997 immer wieder mysteriöse Lichtkreise und Lichtzeichen beobachtet. Das ist seit Kurzem auch vermehrt in Deutschland der Fall.

Im christlichen, buddhistischen und hinduistischen Raum werden immer wieder Statuen entdeckt, die Tränen, Blut oder Öl weinen, und manche von ihnen bewegen sich sogar. Rätsel gibt auch nach wie vor das sogenannte „Turiner Grabtuch“ auf. Man vermutet, dass Jesus bei seiner Beisetzung darin eingehüllt wurde. Ähnliches gilt für das Schweißtuch von Oviedo, mit dem Erzählungen nach der Kopf von Jesus auf dem Weg zur Grabkammer umhüllt war.

Aber auch großartige schöpferische Leistungen, wie die wichtigsten Erfindungen der Menschheit sollen nicht unerwähnt bleiben. Dazu gehören auf jeden Fall:

- DER FAUSTKEIL
ist ein Klassiker der prähistorischen Zeit. Als Universalwerkzeug diente er bereits vor 1,5 Millionen Jahren in Afrika zum Schneiden, Schaben und Bohren.

- PFEIL UND BOGEN
werden schon seit mehr als 20.000 Jahren zur Jagd und als kriegsentscheidende Waffen verwendet.

- DAS RAD
(3500 v. Chr.) Zahlreichen Funden nach dürfte dieser Geniestreich zahlreiche voneinander unabhängige Erfinder von Mesopotamien bis in unsere Breiten haben.

- DAS GLAS
Nach Vorläufern in Mesopotamien oder Ägypten entwickelte sich die Kunst des Glasblasens bereits im ersten Jahrhundert v. Chr.

- DAS PAPIER
Von Tontafeln über Tierhaut und Papyrus reichte die Entwicklung, bis um 105 n. Chr. am chinesischen Kaiserhof die Herstellung von Papier aus Pflanzenfasern und Stoffresten erfolgte.

- DIE UHR
Die Erfindung des Räderwerks war um 1280 Ausgangspunkt der modernen Zeitmessung. Wer sich diese geniale Kombination aus Zahnrädern und Gewichten ausdachte, ist allerdings unbekannt.

- DIE BRILLE

Ende des 13. Jahrhunderts wurden von Glasmachern aus Norditalien die ersten Linsen für Augengläser angefertigt.

- DER BUCHDRUCK

Dieses als „Schwarze Kunst“ bekannt gewordene Handwerk haben wir Johannes Gutenberg (1397-1468) zu verdanken. 400 Jahre zuvor gab es in China schon ähnliche Ansätze.

- DER FOTOAPPARAT

1826 gelang dem Franzosen Joseph Nicéphore Niépce mit seiner Lochkamera der erste Schnappschuss. Die Belichtungszeit dauerte damals noch unglaubliche acht Stunden.

- DER STROM

Eine technische Revolution löste Werner von Siemens 1866 mit seiner Dynamomaschine aus. Erst später wurde vom Serben Nikolaus Tesla der heute übliche Wechselstrom erfunden.

- DAS TELEFON

Diese Erfindung aus dem Jahr 1861 darf der Deutsche Physiklehrer Johann Philipp Reis für sich in Anspruch nehmen. 15 Jahre danach wurde diese Technik von Alexander Graham Bell entscheidend verbessert.

-DAS AUTOMOBIL

In Frankreich schnauften und zuckelten bereits 1769 die ersten sperrigen Kraftfahrzeuge mit Dampfantrieb dahin. 1886 wurde dann das Dreirad mit Verbrennungsmotor von Carl Benz als Patent registriert.

- DAS RÖNTGEN

Das ursprünglich als X-Strahlen bekannte Phänomen ist auf die Entdeckung des Physikers Wilhelm Conrad Röntgen aus dem Jahre 1895 zurückzuführen.

- DAS FLUGZEUG

Wilbur und Orville Wright erfüllten sich 1903 mit ihrem Doppeldecker „Flyer“ den alten Menschheitstraum des Fliegens.

- DIE GLÜHBIRNE

Strom, der 1879 den Faden in einer luftleeren Glashülle zum Glühen brachte, ist das Werk des Amerikaners Thomas Alva Edison.

- DIE EISENBAHN

Der britische Ingenieur George Stephenson gilt seit 1829 mit seiner „Rocket“ 1829 als Erfinder der Eisenbahn. Die von ihm damals festgelegte Spurbreite von 1435 mm hat noch heute Gültigkeit.

- DAS FERNSEHEN

1925 wurden die ersten Fernsehbilder auf Basis einer spiralförmig gelochten Scheibe des Berliner Erfinders Paul Nipkow erzeugt.

- DER COMPUTER

Als erster Computer ging der Zuse Z1 im Jahre 1941 in die Geschichte ein. Das Eintonnen-Ungetüm mit Staubsaugermotor stammt vom Berliner Ingenieur Konrad Zuse.

Neben diesen bahnbrechenden Meisterleistungen menschlicher Ingenieurskunst stoßen Historiker aber auf der Suche nach Wahrheit auch immer wieder auf dunkle Kapitel der Vergangenheit. Oft wurde dabei Macht durch Betrug und Fälschungen erlangt. Von den geheimen Verschwörungen hinter denen nur scheinbar sichere Fakten stecken, berichtete das Magazin „WISSEN“ 2011 in einer seiner Ausgaben.

Die Lehre von der Erde als Scheibe hat vermutlich das Denken der Menschen jahrtausendelang bestimmt - mit tosenden Wassern, die am Ende der Welt in den Abgrund stürzen. Und das, obwohl man bereits in der Antike herausfand, dass diese Theorie nicht stimmen kann. Schon vor 2600 Jahren schrieb der griechische Mathematiker Pythagoras von der Kugelgestalt der Erde. Anhand von Winkelmessungen des Sonneneinfalls berechneten Astronomen schließlich den Erdradius.

Selbst die Macht der Päpste dürfte auf einer dreisten Fälschung beruhen. Der Herrschaftsanspruch des Vatikans begründete sich mehr als 1000 Jahre lang auf der „Constitutum Constantini“, der sogenannten Konstantinischen Schenkung. Wie es geschrieben steht, heilte der Bischof von Rom im Jahre 313 n. Chr. Kaiser Konstantin durch die Taufe von der Lepra. Daraufhin ernannte der genesene Herrscher den Geistlichen zum Oberhaupt aller Christen und schenkte ihm als Dank die Westhälfte seines Reiches. Auf diese Weise wurde der Papst zu einem der mächtigsten Männer der Welt. So gut, so schön, bloß nach mehr als sechs Jahrhunderten flog diese Lüge auf. Die Urkunde entpuppte sich nämlich als Fälschung. Erst nach weiteren vier Jahrhunderten erkannten das auch die Päpste an und gaben im 19. Jahrhundert diese 1000-jährige Lüge vorbehaltlos zu.

Auch das alles überschattende Ereignis des 20. Jahrhunderts begann mit einer Lüge. Am 1. September 1939 verkündete Adolf Hitler, den Angriff polnischer Soldaten auf deutsches Territorium und dass jetzt zurückgeschossen wird. Die Wahrheit war jedoch, dass die Wehrmacht bereits seit Monaten zum Angriff rüstete. Der Bevölkerung wurden allerdings Propaganda, Fronterfolge, Schuldzuweisungen und schließlich Märchen vom Endsieg vorgegaukelt.

Am 22. November 1963 erschütterte das Attentat auf US-Präsident John F. Kennedy in Dallas die Welt. Lee Harvey Oswald wurde als mutmaßlicher Täter sofort festgenommen. Noch vor seinem Prozess starb er allerdings durch eine Kugel aus dem Revolver des Nachtklubbesitzers Jack Ruby in der Tiefgarage des Polizeihauptquartiers. Die Spekulationen über all diese Vorfälle rissen bis heute nicht ab. War der als Kommunist bekannte Oswald wirklich der (alleinige) Täter oder ist an den Gerüchten etwas dran, dass der kubanische Präsident Fidel Castro dahintersteckte? Weitere Theorien sprachen von einem Mafiamord. Insgeheim beschuldigt wurde sogar US-Vizepräsident Lindon B. Johnson, dass er Kennedy umbringen ließ, um selbst Präsident zu werden. Bis 2017 sind die geheimen Akten zum Mord noch unter Verschluss. Welche Wahrheit dann wohl ans Tageslicht kommen wird, ist heute noch die Frage.

Zu den größten Verschwörungen des 20. Jahrhunderts zählen die „Protokolle der Weisen von Zion“, die sich mit fiktiven Reden auf einen jüdischen Plan beziehen. Demzufolge sollte eine Regierung des Terrors und der Gewalt errichtet werden. Und das bedeutete immerhin große Gefahr für das christliche Abendland. Dieses Dokument sorgte erstmals 1905 für Aufsehen, erwies sich aber später als gefälscht. Ob die zaristische Geheimpolizei oder andere perfide Verfasser dahinter standen, konnte nicht endgültig geklärt werden.

2003 hieß es, dass Saddam Hussein mit Massenvernichtungswaffen die Welt bedroht. Daher musste der Irak, der sich seit den Attentaten vom 11. September 2001 im Visier amerikanischer Vergeltungspläne befand, rasch gestoppt werden. US-Präsident George W. Bush konnte mit genug Beweisen aufwarten, um ein massives Eingreifen der US-Armee zu erwirken. Bloß fanden sich im Land, trotz monatelanger intensiver Suche der Spezialisten, keinerlei Chemie- oder Biowaffen. Die zuvor präsentierten Beweise stellten sich als Fälschungen heraus, die sich auf die Glaubwürdigkeit der USA entsprechend negativ auswirkten.

Diese Auflistung ließe sich noch beliebig fortsetzen, über das Turiner Grabtuch, den Sarg von Jesus, Kaiser Nero und Robin Hood, bis hin zum Bermudadreieck. Doch, wie geht es mit der Menschheit weiter? Während heute etwa 6,6 Milliarden Menschen auf der Erde leben, werden es in sechs Jahren voraussichtlich schon sieben Milliarden sein. Zwischen 2030 und 2050 wird die Menschheit nach heutigen Einschätzungen zum ersten Mal aufhören zu wachsen. Dann werden um die 9 Milliarden Humanoiden die Erde bewohnen. Und damit wäre sie auch absolut voll. Die Frage ist allerdings, ob mehr als fünfmal so viele Menschen wie zu Beginn des 20. Jahrhunderts auf dieser Erde auch tatsächlich erfolgreich zusammenleben können.

Leider lassen Zukunftsforscher mit ziemlich bedenklichen Prognosen aufhorchen: Bevölkerungsexplosion und Wirtschaftswachstum werden Flüsse und Seen austrocknen, die unaufhaltsame Wasserknappheit führt zu Hungersnöten und Aufständen, Klima und Gesellschaft werden sich wechselseitig beeinflussen, infolge der Wasserverschmutzung sind künftig fünf Milliarden Menschen Krankheiten ausgesetzt und weltweit wird jeder Zweite unter der Armutsgrenze leben. Ferner ist mit dem Aussterben von 30-50 Prozent der Tier- und Pflanzenarten zu rechnen. Wahrlich kein Wunder, dass angesichts dieser leider realistischen Horrorszenarien Wissenschaftler in aller Welt Alarm schlagen, auch wenn sie gegenüber den politischen Entscheidern vorerst noch als „Prediger in der Wüste“ agieren.

Die Auswertungen einer Umfrage unter japanischen Wissenschaftlern ergaben ein großteils faszinierendes, aber auch etwas beängstigendes Ergebnis. Ihrer Meinung nach sind alle globalen Probleme nur durch noch mehr Technik lösbar:

- Flutwellenvorhersagesysteme
- vollautomatische Sortiertechnik für Hausmüll
- Wirkungen des Treibhauseffektes auf den Meeresspiegel

exakt berechenbar machen
- Unempfindliche neue Fischarten durch Genmanipulation
- Stopfen des Ozonloches von Flugzeugen aus
- Beseitigung radioaktiven Abfalls mit hochenergetischen Elementarteilchen
- globale Überwachung von Wildtieren und Pflanzen
- gentechnisch entwickelte Pflanzen und geklonte Rinder
- integrierte Schaltungen, die bei Temperaturen von mehreren hundert Grad Celsius einsetzbar sind
- technische Kunststoffe, die bis mindestens 450 Grad Celsius resistent sind
- kompakte Kernkraftwerke für die Industrie
- Züchtung von Haut und menschlichen Organen
- künstliches Blut
- Verbindung zwischen Lebewesen und Computer
- menschenähnliche Roboter mit Händen und Füßen
- Stoppen der Alterungsprozesse
- Heilung von Allergien, Alzheimer, Krebs und Aids

Fundierte Beobachter meinen, dass uns die Weiterführung des jetzigen Umgangs mit Wissenschaft und Technik sehr leicht in den ökologischen Kollaps führen könnte, zumindest aber in eine technokratisch „schöne, neue Welt" z.B. nach Vorstellung der befragten japanischen Wissenschaftler. Teilweise ist die Zukunft noch offen, aber nur wenn wir sie nicht weiterhin konsequent ausbeuten, zubetonieren und verkomplizieren.

Fakt ist, dass die Menschen immer bequemer und anspruchsvoller werden und die Zukunft in vielen Bereichen Komfort und Sicherheit verspricht. In diesem Sinne gibt es schon Konzepte für selbstfahrende Autos und selbstauffüllende Kühlschränke. Viele neue Erfindungen sollen uns das Leben erleichtern und angenehmer machen. Manche Visionen bleiben aber vorerst reine Zukunftsmusik, da ihnen noch technische Hürden und moralische Bedenken im Weg stehen.

Folgende zehn technischen Zukunftsvisionen werden einer aktuellen Umfrage nach von vielen Menschen derzeit am meisten ersehnt:

- 10-Petaflop-Rechner
- DNA-PC

- 3D-Krankenakte
- Lebensmittelausweis
- Apple Knowledge Navigator
- Selbstlenkende Autos
- Emotionale Roboter
- Digitaler Shopping-Assistent
- Voice Browsing
- Selbstfüllender Kühlschrank

Während die NASA inzwischen auf fünf Jahrzehnte Raumfahrt zurückblicken kann, stellt sich auch die Frage, wie die Zukunft im All aussieht. Einer kürzlich erschienenen Nachricht von WELT ONLINE nach, liegen in den Schubladen der Raumfahrtagentur schon visionäre Pläne für die nächsten 50 Jahre. Demzufolge arbeiten Forscher bereits an einer dauerhaften Besiedlung des Mars. Doch der Aufbruch zum roten Planeten soll nach dem Willen der NASA von einem anderen Ort, als von der Erde aus erfolgen. Michael Griffin, Chef der Organisation, vergleicht das 21. Jahrhundert mit dem Aufbruch in die Neuzeit zu Beginn des 16. Jahrhunderts, nachdem Columbus Amerika entdeckt hatte. Das große Ziel der NASA sieht er darin, herauszufinden, ob die Menschheit im Sonnenystem jenseits der Erde eine Zukunft hat - so wie sie einst Europa hinter dem Atlantik vorfand.

Griffin wartet aber auch noch mit einem amüsanten Zitat des amerikanischen Weltraumgelehrten Carl Sagan‘s auf: „Hätten die Dinosaurier ein Raumfahrtprogramm gehabt, wären sie nicht ausgestorben." Und an dieser Spitzfindigkeit ist durchaus etwas dran, meint der Experte, da die Aufgaben der NASA weniger in der Erdbeobachtung, Hilfe für Geo-Wissenschaften, Ökonomie und Ökologie liegen, sondern vielmehr im Blick in die unendlichen Weiten des Weltalls. Noch in diesem Jahrhundert werden die Menschen seiner Meinung nach über den Mars hinaus in weitere Sonnensysteme vorstoßen. Und dort könnte unsere Zukunft liegen. „Angesichts der Tatsache, dass die Menschheit nicht fähig ist, aus den Fehlern der Vergangenheit zu lernen, dürfen wir uns in Zukunft keine Fehler mehr leisten" meint Ernst Ferstl.

Doch, neues Gedankengut hatte es nicht immer leicht. Vor allem, weil die Menschen unsere objektive Welt oft viel zu subjektiv beurteilen. Neues, bislang Unbekanntes war und ist oft unvorstellbar. Alte Erfahrungen verleiten uns häufig zu Fehlurteilen. Man denke dabei nur an die legendären Irrtümer der Menschheit:

„Die Erde ist eine Scheibe" (der erste Eindruck, den die Menschen von der Erde hatten).

„Die Erde ist der Mittelpunkt des Universums" (die heilige römisch katholische Kirche im Kontrovers mit Galileo Galilei).

„Die Erde ist hohl" (Edmond Halley, engl. Astronom, 1656-1742).

„Das Erdöl ist eine nutzlose Absonderung der Erde - eine klebrige Flüssigkeit, die stinkt und in keiner Weise verwendet werden kann" (Verlautbarung der Akademie der Wissenschaften in St. Petersburg/Russland, 1806).

„Ich setze auf das Pferd. Das Automobil halte ich für eine vorübergehende Erscheinung" (der deutsche Kaiser Wilhelm II., 1859-1941).

„Das Telefon hat zu viele ernsthaft zu bedenkende Mängel für ein Kommunikationsmittel. Das Gerät ist von Natur aus von keinem Wert für uns" (internes Statement von Western Union, 1876).

„Es kann keine Flugmaschinen geben, die schwerer als Luft sind" (der britische Physiker Sir William Thomson, Lord Kelvin of Largs, 1895).

„Alles was erfunden werden kann, ist bereits erfunden" (Der Direktor des amerikanischen Patentamtes,1899).

„Die Strahlen des Herrn Röntgen werden sich als Betrug herausstellen" (der britische Physiker Sir William Thomson, Lord Kelvin of Largs, um 1900)

„Wer zur Hölle will schon Schauspieler sprechen hören?" (H.M. Warner von Warner Brothers, 1927)

„Die Atomenergie mag vielleicht so gut sein, wie die uns heute bekannten Sprengstoffe, aber es ist sehr unwahrscheinlich, etwas sehr viel Gefährlicheres herstellen zu können" (Winston Churchill, 1939).

„Der weltweite Bedarf an Computern beläuft sich auf fünf Stück" (IBM Chef Thomas J. Watson, 1943).

„Computer der Zukunft werden nicht mehr als 1,5 Tonnen wiegen" (Die Zeitschrift „Populäre Mechanik", 1949).

„Uns gefällt Ihr Sound nicht und Gitarrenmusik ist ohnehin bald out" (Decca Records Hamburg bei der Ablehnung der Beatles 1962).
Ferner scheiterte Elvis Presley als Newcomer bei der amerikanischen Sendung „Talent Scouts".

„Auf das Fernsehen sollten wir keine Träume vergeuden, weil es sich einfach nicht finanzieren lässt" (Lee De Forest, der „Vater des Radios", 1926).

„640 Kbytes ist alles, was irgendeine Applikation jemals benötigen sollte" (Microsoft Gründer Bill Gates, 1981).

Mehr über die gesellschaftliche Entwicklung sowie über viele neue Trends und Technologien, welche die Welt und unser Leben entscheidend verändern werden, finden Sie im letzten Kapitel dieses Buches „Die Zukunft der Menschheit".

5 – Über Gläubige, Agnostiker und Atheisten

Wie wir leben, denken und handeln wird ganz entscheidend vom dem geprägt, was wir glauben. Doch, woran können wir eigentlich glauben? Was wäre dazu ein sicheres Fundament für unser Leben? Leben und Glauben sind unter anderem Schlüsselworte der Bibel. Obwohl wir in einer aufgeklärten und offenen Zeit leben, kann man verschiedenen Glaubensrichtungen oder Weltanschauungen durchaus etwas Positives abgewinnen kann. Bloß, worauf stützt sich der Glaube und zu welchem Ziel führt er? Alle Religionen dieser Welt (rund 4200) fordern zu einem selbstlosen Leben auf. Die Frage ist dabei nur, ob alle religiösen Menschen auch wirklich selbstloser sind als andere.

Das Wort Glaube (auch Glauben) steht übrigens für begehren, lieb haben, für lieb erklären, gut heißen, loben, gilt aber auch als Übersetzung des griechischen Wortes „pistis“ mit der Bedeutung „Treue, Vertrauen.“ Was fast alle Religionen verbindet, ist der Glaube, der offene Fragen beantwortet, die Gemeinschaft und die damit verbundenen traditionellen Rituale. Das soziale Umfeld, die Eltern und nahe Bezugspersonen sowie die persönliche Entwicklung prägen den Umstand, ob man gläubig ist oder nicht. Zugleich kommt dem Sozialen in der Religion eine große Bedeutung zu. Erst die Gemeinschaft macht rituelle Handlungen für viele zum Erlebnis.

Wie im Dezember 2010 in der österreichischen Tageszeitung KURIER nachzulesen war, suchen Hirnforscher aktueller Weise Gott im Kopf, Genforscher spüren dem Glauben im Erbgut nach und Anthropologen finden heraus, wann Religion gedeiht. Schließlich hat ein Großteil der Weltbevölkerung einen religiösen Hintergrund. 80 Prozent der Menschen huldigen laut Philosoph Franz Wuketits (zumindest im weitesten Sinne) einem religiösen Glauben. Irgendeine Form von Religion ist mit unterschiedlichen Akzenten in allen Kulturen anzutreffen.

Im 19. Jahrhundert interpretierte die Wissenschaft Religion vielfach als Aberglaube der minder Gebildeten in der westlichen Welt und als Trost für die unzivilisierte restliche Bevölkerung der Erde. Ebenso war sie damals der Meinung, dass sich die Menschheit zunehmend einem wissenschaftlichen Weltbild anschließen wird. Diese Erwartungen haben sich mit heute vier Fünftel an Gläubigen in der Weltbevölkerung nicht erfüllt. „Der Mensch ist rettungslos religiös“ meinte daher kürzlich Toni Faber, der Dompfarrer des Wiener Stephansdoms.

In Befragungen geben gläubige Menschen an, öfter zu spenden und ehrenamtliche Tätigkeiten auszuüben als Nichtgläubige. Tatsächlich ergab eine Erhebung des „Religionsmonitors“, einem Projekt der Bertelsmann-Stiftung, dass 43 Prozent der tief religiösen über Achtzehnjährigen ein soziales Ehrenamt ausüben. In der Gemeinschaft der religiösen Erwachsenen beträgt dieser Anteil 26 Prozent. Und bei den Nicht-Religiösen engagieren sich 19 Prozent auf freiwilliger Basis. Der geheime Glücksfaktor von Religionen sind übrigens Freundschaften innerhalb der Glaubensgemeinschaft. Und das wiederum erhöht die Zufriedenheit mit dem eigenen Leben entscheidend. Anthropologen haben sogar eine neue Theorie entwickelt: Glaube als Selektionsvorteil. Je komplexer und anspruchsvoller die Glaubensanforderungen an den Einzelnen sind, desto stabiler und solidarischer erweist sich die Glaubensgemeinschaft.

Wissenschaftler der Universität von British Columbia/USA führten weitere Tests zu diesem Thema durch. So zum Beispiel das „Guter Samariter-Experiment.“ Analog zur klassischen Bibelszene lag dazu ein Mann auf dem Gehweg und tat, als ob er krank wäre. Das Testergebnis war, dass die Hilfsbereitschaft in keinem Zusammenhang mit der Religiosität stand. Ferner zeigte eine Studie des Vorarlberger Ökonomen Ernst Fehr von der Universität Zürich auf, dass Religionen und Fairness in der Gruppe offensichtlich evolutionär zusammenhängen.

Papst Benedikt XVI. erklärte noch als Joseph Ratzinger in seiner „Einführung in das Christentum“, dass sich religiöser Glaube und naturwissenschaftliches Denken auf zwei verschiedenen Ebenen befänden. Der Glaube gehört zum Bereich der Grundentscheidungen, zu denen jeder auf eine Weise Stellung beziehen müsse, ohne darüber letzte Gewissheit zu haben. Menschen, die ihr Denken nur auf Materielles und experimentell Beweisbares beziehen, verarmen und verschließen sich den großen Fragen über das Leben, sich selbst und Gott gegenüber.

Der Agnostizismus (aus dem Griechischen a-gnoein: nicht wissen, unbekannt, unerkennbar) drückt die philosophische Haltung aus, dass bestimmte, vor allem theologische, Annahmen, welche die Existenz oder Nichtexistenz eines höheren Wesens, wie einen Gott, entweder ungeklärt oder grundsätzlich nicht zu klären sind. Mit dieser Weltanschauung soll die grundsätzliche Begrenztheit menschlichen Wissens unterstrichen werden.

Man kann Agnostizismus sowohl mit Theismus (Gottesglaube) als auch mit Atheismus, auf den wir gleich zu sprechen kommen werden, verbinden, da er den Glauben an Gott zulässt, aber die Möglichkeit der rationalen Erkenntnis Gottes verneint. Ein Agnostiker wird daher die Frage, ob es einen Gott gibt, nicht mit ja oder nein beantworten. Seine typische Stellungnahme lautet: „Ich weiß es nicht. Es ist nicht geklärt. Es lässt sich nicht beantworten.“ Von den Agnostikern selbst wird ihr Standpunkt als der ehrlichste, wissenschaftlichste und rationalste überhaupt angesehen. In diesem Sinne werden von ihnen traditionelle Überlieferungen, die das Weltbild erfordert, abgelehnt. „Was die Götter angeht, so ist es mir unmöglich, zu wissen, ob sie existieren oder nicht, noch was ihre Gestalt sei. Die Kräfte, die mich hindern, es zu wissen, sind zahlreich und auch ist die Frage verworren und das menschliche Leben kurz“ (Protagoras, 5.Jh v. Chr.).

Der Atheismus hingegen drückt unmissverständlich die Überzeugung aus, dass es keinen Gott gibt. Der Atheist verneint es ausdrücklich, an Gott zu glauben. In den westlichen Industrieländern gehören heute viele Menschen organisatorisch, praktisch von Geburt an, zu den Kirchen. Zahlreiche dieser „Namenschristen“ glauben aber weder an die zentralen Glaubensinhalte des Christentums, noch richten sie ihr Leben danach aus. Auf diesem Gebiet durchgeführte Umfragen ergaben, dass es sehr schwierig ist, eine konkrete Abgrenzung vorzunehmen, da es inzwischen zahlreiche Glaubens- bzw. Nichtglaubensrichtungen gibt wie Säkuralisten, Humanisten, Nichttheisten, Agnostiker und spirituelle Personen. Die Grenze zwischen den Gläubigen und Ungläubigen verschwimmt dabei immer mehr.

Die sogenannte „Bilanz des Unglaubens“ von Georges Minois zeigt auf, dass mehr als ein Fünftel der Menschheit nicht an Gott glaubt. Das ergibt etwas über eine Milliarde Agnostiker und knapp 300 Millionen Atheisten. Dem Eurobarometer 2005 nach glauben 52 Prozent der Bürger unserer derzeit 25 EU-Staaten an Gott. 18 Prozent glauben weder an Gott, noch an eine sonstige höhere Macht, 27 Prozent glauben an eine unbestimmte Art von Geist oder Lebenskraft und 3 Prozent äußerten sich nicht näher zu diesem Thema. Dabei sind die Gottesgläubigen in Malta und der Türkei mit annähernd 100 Prozent am höchsten und mit nur 16 Prozent in Estland am geringsten.

Das Ergebnis für Deutschland, Österreich und die Schweiz waren 49 Prozent gläubiger Menschen. Am wenigsten an Gott oder eine andere spirituelle Macht glauben mit nur 33 Prozent die Franzosen. Zugleich wurde in dieser

Studie erhoben, dass mehr Frauen (58 Prozent) als Männer (45 Prozent) an Gott glauben. In den USA liegt die Zahl der Gottesgläubigen übrigens bei erstaunlichen 91 Prozent. Unter den Wissenschaftlern fand sich mit nur 7 Prozent an Gläubigen erwartungsgemäß der höchste Atheistenanteil.

Im Laufe der Geschichte stand in vielen Staaten auf Atheismus die Todesstrafe. Vor allem in der Antike wurde die Leugnung der jeweiligen Staatsgötter und die damit verbundene Weigerung, ihnen zu opfern als eine gegen den Staat gerichtete Haltung gewertet und schwer bestraft. Erst in der Neuzeit kam es allmählich zu einer Trennung von Religion und Staat. Vor allem im Zeitalter der Aufklärung und der Französischen Revolution erhielt der Atheismus einen starken Aufschwung und gesellschaftliche Verbreitung. Aufklärende Bewegungen sorgten schließlich für verfassungsrechtliche Verankerungen. Von manchen wird diese Trennung als atheistisch bezeichnet. Die Verfassungen vieler demokratischer Staaten enthalten heute das Menschenrecht auf Religionsfreiheit. Dieses schließt auch das Recht, Atheist zu sein oder zu werden ein.

Atheismus war aber auch ein Bestandteil der marxistisch-leninistischen Staatsdoktrin. Daher wurde außerstaatliche Religionsausübung in der früheren Sowjetunion und DDR politisch bekämpft. Es ist sogar von einer Entkirchlichung Ostdeutschlands während des SED-Regimes die Rede. Obwohl diese atheistische Weltanschauung von Staatsseite als Fortschrittsdoktrin gelehrt wurde, sprechen Kritiker von „konfessionellem Atheismus" und „Staatsreligion" bzw. gezieltem „Staatsatheismus."

In Albanien wurde von 1967-1990 ein totales Religionsverbot ausgerufen. Zugleich bezeichnete sich dieses Land als „erster atheistischer Staat der Welt." Doch im gesamten damaligen Ostblock wurde der Atheismus gefördert. Wenn sich dem jemand widersetzte und dennoch seine persönliche Religiosität lebte, wurde er zum Außenseiter und hatte mit Verfolgung zu rechnen, wie das schon bei Stalins Christenverfolgung der Fall war.

Eine aktive Förderung findet der Atheismus auch im Humanismus, Existenzialismus und in der Freidenkerbewegung. Zu den großteils atheistisch geprägten Weltanschauungen gehören ebenso der Sozialismus, Kommunismus und Anarchismus. Aber auch die naturwissenschaftlichen Erklärungsmodelle lassen für viele Wissenschaftler die „Gotteshypothese" als methodisch unzulässig erscheinen. Die nüchterne Begründung dafür sind wissenschaftlich nicht beobachtbare Konsequenzen und nicht beschreibbare Phänomene. Die Vereinbarkeit von wissenschaftlichem Denken und der Annahme eines Gottes (mit der gegenseitigen Bestätigung oder Widerlegung) löst unter Wissenschaftstheoretikern entsprechend kontroverse Haltungen aus. Eine bestimmte Ethik und Moral des Atheismus gibt es allerdings nicht, da Atheisten diesbezüglich unterschiedliche Vorstellungen haben.

Von den Konfessionen wird Atheisten mit dem fehlenden Glauben an Gott auch eine Verneinung moralischer Werte im Sinne eines Nihilismus (lat. nihil = nichts) unterstellt. Immanuel Kant und diverse Gleichgesinnte vertraten die Auffassung, dass moralische Prinzipien auch ohne Bezug auf höhere Wesen in der menschlichen Vernunft bzw. Natur zu gründen seien. Dabei war von Maximen der Freiheit und Handlungen unter allgemeinen Vernunftsgesetzen die Rede.

Tatsächlich ist bis heute das Verhältnis von Religion und Moral empirisch nicht geklärt. Diverse Studien belegen aber, dass persönliche Moral ganz offensichtlich nicht von persönlicher Religiosität abhängig ist. Erstaunlicher Weise fanden Forscher bei Atheisten eine größere Ehrlichkeit und Hilfsbereitschaft gegenüber Armen. Es konnte auch festgestellt werden, dass sozialpsychologische Studien eine „auffallend geringere Kriminalität“ unter Nichtgläubigen aufweisen.

Gott wird heute aber auch von Forschern mit Tomographen im menschlichen Gehirn gesucht. Ein Vorreiter davon ist der Anthropologe und Buchautor Lionel Tiger, der meint: „Im Lauf der Evolution hat sich unser Gehirn enorm entwickelt - jedoch mit Nebenwirkungen. Es ist als ob wir ein linkes Bein hätten, das fünfmal länger als das rechte ist. Unser Hirn ist nicht ausgelastet, und das verursacht Schmerzen, die Tiger „Brain pain“ nennt. Um dieser Problematik vorzubeugen, muss unser Hirn beschäftigt werden. Religion hat sich dazu als eine der wirksamsten Methoden erwiesen. Wer glaubt und betet, wer singt und beichtet, schafft wirksame Beruhigung für das Gehirn.“

Psychologen und Neurologen forschen bereits intensiv nach den wirksamen Kräften des Betens. Für sie führt die Verbindung zum Allmächtigen direkt ins zentrale Nervensystem des Menschens. Die Forscher dieses jungen Wissensgebietes gehen davon aus, dass der Glaube an eine überirdische Macht von einer evolutionären Überlebensstrategie stammt und tief in die menschliche Hirnstruktur eingebettet ist. Experimente mit meditierenden Buddhisten und betenden Nonnen belegten eine Minderaktivierung der Scheitellappen im Großhirn. Das heißt, wenn die Aktivität dieser Region herabgesetzt ist, hat der Betende oder Meditierende das Gefühl, sich über die Grenzen der körperlichen Welt hinaus mit dem Universum zu verbinden.

In seinem Buch „Das Gehirn - Schlüssel zur Unendlichkeit" hinterfragt der deutsche Gehirnforscher Prof. Detlef B. Linke, Neurophysiologe an der Universität Bonn, diese Theorie allerdings kritisch: „Soll die religiöse Beziehung, in welcher man früher seine Brust bis in den Himmel öffnete, nun nur die Aktivität eines kleinen Hirngebietes sein?"

Große Beachtung erregten auch John Leslie Mackie mit seinem Buch „Ethik" und Richard Dawkins mit „Der Gotteswahn." Darin führen die Autoren an, dass Moral an den Prozess der biologischen Evolution gekoppelt ist. Dieser Theorie nach stellt sie einen gesellschaftlichen Entwicklungsprozess dar. Fazit: Die menschliche Moral hätte auch dann Bestand, wenn die Religionen untergehen würden.
Zum Abschluss dieses Kapitels noch einige bemerkenswerte Zitate zum Nachdenken über dieses Thema:

„Was bin ich? Was soll ich tun? Was kann ich glauben und hoffen? Hierauf reduziert sich alles in der Philosophie."
Georg Christoph Lichtenberg (1742-1799), deutscher Dichter

„An einen Gott glauben heißt, die Frage nach dem Sinn des Lebens verstehen. An einen Gott glauben, heißt sehen, dass es mit den Tatsachen der Welt noch nicht getan ist. An einen Gott glauben, heißt sehen, dass das Leben einen Sinn hat."
Ludwig Wittgenstein (1889-1951), österreichischer Philosoph

„Wer ein WOFÜR im Leben hat, der kann fast jedes WIE ertragen."
Friedrich Nietzsche (1844-1900), deutscher Philosoph, klassischer Philologe, Atheist

„Dass es die Welt, dass es den Menschen, dass es die menschliche Person, dich und mich gibt, hat göttlichen Sinn."
Martin Buber (1891-1942), jüdischer Religionsforscher und Religionsphilosoph

„Glaube ist Vertrauen, nicht Wissen wollen.“
Hermann Hesse (1877-1962), deutscher Dichter

„Dass wir einen Gott ahnen, ist nur ein unzulänglicher Beweis für sein Dasein. Ein stärkerer Beweis ist, dass wir fähig sind, an ihm zu zweifeln.“
Arthur Schnitzler (1862-1931), österreichischer Dramatiker und Erzähler

„Die wunderbare Einrichtung und Harmonie des Weltalls kann nur nach dem Plane eines allwissenden und allmächtigen Wesen zustande gekommen sein. Das ist und bleibt meine letzte und höchste Erkenntnis.“
Isaak Newton (1643-1727), englischer Mathematiker, Physiker und Astronom

„Wissenschaft ist nur eine Hälfte, Glauben ist die andere.“
Novalis (Friedrich Leopold Freiherr von Hardenberg, 1772-1801), deutscher Dichter

„Nicht Gott ist relativ, und nicht das Sein, sondern unser Denken.“
Albert Einstein (1879-1955), deutscher Physiker und Begründer der Relativitätstheorie

„Das Schicksal des Menschen ist der Mensch.“
Bertolt Brecht, deutscher Dichter und Dramatiker

6 – Die geheimnisvolle Macht des Gebetes

Das Gebet (die Bitte) stellt als rituelle Zuwendung zu Gott - früher auch zu mehreren Göttern - eine zentrale Glaubenspraxis vieler Religionen dar. Und zwar in Form gemeinschaftlicher oder persönlicher, laut gesprochener, gesungener oder gedanklicher Fürbitten. Diese können in der Religionsgemeinschaft, in der Familie oder auch nur ganz für sich im Stillen zum Ausdruck gebracht werden. Das bekannteste Gebet im Christentum ist wohl das Vaterunser und im Judentum das Schma Jisrael. Im Buddhismus und Hinduismus erfolgt das Gebet oft in Form einer Meditation.

Das Gebet gehört von den Anfangszeiten an zu den wichtigsten Ausdrucksformen des christlichen Glaubens. Bereits Jesus hat als gläubiger Jude gebetet und seine Jünger zum Beten angeleitet. Häufig wird zum Gottesdienst in einer Gruppe oder allein gebetet. Der jüdische Gottesdienst beispielsweise erfolgt am Shabbat in der Synagoge und wird in seiner Gesamtheit bereits als Gebet verstanden. In der katholischen und orthodoxen Kirche ist das vergleichsweise die Eucharistiefeier. Bekannt ist auch das christliche Stundengebet und das Freitaggebet der Muslime. Fünfmal täglich werden die Gläubigen der islamischen Welt vom Muezzin zu bestimmten Uhrzeiten zum Gebet gerufen.

Viele Religionen haben festgesetzte Gebetszeiten. Je nach Glaubensrichtung sind auch die Körperhaltung und Gesten beim Beten unterschiedlich. Das reicht vom Hände falten und Kopf senken bis zum Niederknien und sich auf den Boden werfen. Neben den spontan und individuell formulierten Gebeten, wie wir sie meistens anwenden, gibt es natürlich auch noch eine Menge liturgischer (zeremonieller) Gebete mit feststehenden Wortfolgen, die oft in Form einer „Litanei“ gesprochen werden. Die Liturgie umfasst das gesamte gottesdienstliche Geschehen wie Gebet, Lesung, Verkündigung, Gesang, Gestik, Bewegung, Gewänder, Geräte und Symbole sowie die Spende der Sakramente.

Zu den biblischen Grundlagen gehört, auf Gott zu vertrauen: „Bittet, so wird euch gegeben.“ Daher bedeutet „glauben“, sich Gott und seiner allmächtigen Herrschaft anzuvertrauen. Deshalb sollte ein Gebet im Zusammenhang mit dem Willen Gottes erfolgen. Dieser Wille wird von Jesus hervorgehoben, indem er zur Liebe zu Gott und dem Nächsten auffordert. In diesem Sinne suchen viele Schutz, Trost und Hilfe in der Religion.

„Ora et labora“ (beten und arbeiten) ist der traditionelle Grundsatz der Klöster, den historischen Orten der Begegnung mit Gott. Diese Begegnung vollzieht sich hinter Klostermauern in der Stille, im Gebet, in der Arbeit und in der Gemeinschaft. Nach der Weisung des Psalmisten - „Siebenmal am Tag singe ich dein Lob“ - wird in den meisten Klöstern das Stundengebet der Kirche gefeiert. Diese Gebetszeiten bestimmen auch den Tagesrhythmus des Klosterlebens.

Das Hören auf Gott und sein Wort in der Heiligen Schrift macht die Menschen in den Klöstern aufmerksam für die Gegenwart Gottes, für sein Wirken in der ganzen Schöpfung, in den Ereignissen und Begegnungen. Mit den zahlreichen Gebeten soll Lob, Dank und Fürbitte für das Geschenk seiner Anwesenheit ausgesprochen werden. Die Arbeit ist im Kloster dem Gebet und dem gemeinsamen Leben untergeordnet. Zusätzlich steht in den meisten Klöstern für die persönlichen Gebete und die Eucharistische Anbetung rund um die Uhr ein Raum der Stille und Anbetung zur Verfügung.

Aus der Sicht der heutigen Hirnforschung ähneln Gebete der Unterhaltung mit einem guten Freund. Das hat zumindest der dänische Wissenschaftler Uffe Schjoedt von der Universität Aarhus herausgefunden, als er die Gehirnaktivität streng gläubiger Christen untersuchte. Beim Beten wurden dieselben Gehirnregionen aktiviert, wie im Gespräch mit einem menschlichen Gegenüber. Doch, wie sieht es mit der Wirksamkeit der Gebete aus? Unterliegen die Betenden bloß einer Einbildung, sind Gebete vergeblich oder verfügen sie doch über eine geheimnisvolle Macht und Wirkung?

Auch das P.M. Magazin widmete sich dieser hochinteressanten Frage und stellte fest, dass heutzutage mehr denn je auf der Welt gebetet wird. Schon immer suchten Gläubige aller Religionen die Zwiesprache mit Gott. Inzwischen aber erfolgen Fürbitten per Internet und Fußballstars beten vor einem großen Match genau so wie Chirurgen vor einer wichtigen Operation. Zugleich konnten Naturwissenschaftler nachweisen, dass Gebete das Immunsystem stärken. Dazu gibt es zahlreiche Beispiele vom Klinikvorstand, über den Profi-Fußballer bis hin zum Pop-Musiker, die allesamt über ihr „Erfolgserlebnis Gebet“ berichten können. In den Vereinigten Staaten kam es bereits zur Errichtung mehrerer „World Prayer Center“, in denen täglich einige Tausend Fürbitten rund um den Globus gesendet werden.

Der Einschätzung einer UNO-Studie nach bemühen sich bis täglich über vier Milliarden Menschen (das sind immerhin rund zwei Drittel der Weltbevölkerung) um Kontakt mit dem Unendlichen. Natürlich geht es dabei nicht nur um den Weltfrieden oder die Genesung der Hauskatze, sondern auch um zahlreiche Wohltaten für sich selbst. In diesem Umfeld wird auch auf einen religiösen Aufschwung sowie auf die längst fällige geistig-moralische Wende unserer Gesellschaft gehofft.

Es war schon immer so, dass Not beten lernt. In Zeiten von Kriegen, Naturkatastrophen, Epidemien und Wirtschaftskrisen vertrauen viele Menschen wesentlich mehr als sonst auf himmlische Hilfe. Heute sorgt unter anderem die Globalisierung für die weltweite Verbreitung von Gebeten. Ein immer dichteres Netzwerk an Märkten und Informationen, der einseitige Geldfluss und eine zunehmende Paralysierung der ärmeren Länder sind Gründe, dass die Welt einem signifikanten Wendepunkt zustrebt. Allerdings übernehmen auch in vielen islamischen Religionen kritische Fundamentalisten die Macht.

Indessen wird mit wissenschaftlichen Methoden nach der existenten Heilkraft des Gebetes geforscht. Dazu stellte der amerikanische Herzspezialist Professor Mitchell Krucoff von der Duke-University in Durham/North Carolina zwei Gruppen von jeweils 370 herzkranken Patienten für einen Doppel-Blindversuch zusammen. Die eine Gruppe bekam, ohne es zu wissen, neben der schulmedizinischen Behandlung, drei Jahre lang auch noch fromme Fürbitten als Unterstützung von außen verabreicht. Das heißt, für diese 370 Kranken wurde religionsübergreifend und professionell in Klöstern, Tempeln und Moscheen gebetet.

Obwohl er selbst ein gläubiger Mensch ist, überraschte das Ergebnis sogar den Professor. Nach drei Jahren hatten mehr als 90 Prozent der mit Gebeten unterstützten Gruppe einen sichtlich besseren Heilungsverlauf als die Patienten der anderen Gruppe. Als wissenschaftliche Erklärung dieser wundersamen Wirkung meinte Professor Krucoff: „Gottes Güte kann nicht unter‘s Mikroskop gelegt werden. Wir wollten nur nachweisen, dass Fürbitten tatsächlich helfen.“ Daher ist in den USA das Gebet bereits das am häufigsten angewandte Heilmittel der alternativen Medizin.

Aber auch Peter Findeisen, Leiter der Caduceus Klinik für psychotherapeutische Medizin im deutschen Bad Bevensen berief sich am ersten internationalen „Gebetskongress“ in Hamburg auf das Krucoff-Experiment und meinte:

„Inzwischen wissen wir als Mediziner viel über den Zusammenhang von Gefühlen und Körperreaktionen.“ Selbst die deutsche Krankenkasse AOK Berlin empfiehlt ihren Mitgliedern den regelmäßigen Gebetskontakt mit dem Allmächtigen als probate Gesundheitsvorsorge: „Wer betet, tut Körper und Seele etwas Gutes.“ Besonders bei Depressionen und Abhängigkeiten kann das Gebet unterstützen, das verloren gegangene innere Gleichgewicht wieder zu finden.

In allen Religionen, die einen Gott als Glaubensgrundsatz haben, ist Gott auch ein allmächtiger Heiler. „... rufe mich in der Not, so will ich dich erretten, und du sollst mich preisen“ (50. Psalm, AT). Wer betet, muss aber dennoch hoffen, denn trotz einer hohen Erfolgsquote gibt es keine Garantie auf die Erfüllung der Bitten. Dass nicht alle Gebete erhört werden, erklären Theologen damit, dass Gott wohl alles hört, der Mensch aber mit seinem begrenzten Verstand nicht alle seine Antworten und Reaktionen verstehen kann.

Damit liegt die Erkenntnis nahe, dass das Gebet für den Menschen etwas völlig Natürliches ist, etwa wie die Sprache, das Atmen oder das Schlagen eines empfindsamen Herzens. Auf diese Weise kann aus der Sprache der Liebe auch eine Sprache zu Gott werden. Für den Religionswissenschaftler Bernhard Lang lassen sich die Gebete in folgende Bereiche aufteilen:

1) Zuflucht und Reinigung
2) Bitte und Klage
3) Lob und Dank
4) Liebe zu Gott und Annahme seines Willens

Dennoch ist es fraglich, ob die wundersamen und geheimnisvollen Kräfte und Mächte des Gebetes von den Theologen und Neurologen jemals völlig entschlüsselt werden. Doch, welcher Betende braucht wissenschaftliche Beweise für sein Handeln? Im Hoffen und Glauben liegt die wahre Macht des Gebetes. „Es stehe auch ungläubigen Menschen wohl an, hin und wieder das Haupt dankend vor etwas Größerem zu senken“ Gotthold Ephraim Lessing, deutscher Dichter und Aufklärer (1729-1781).

7 – Die Alterung und Lebensaussichten des Menschen

Alle wollen heutzutage alt werden, doch keiner will alt sein. Eine maximale Lebensdauer, verbunden mit ungebrochener Lebensfreude, Gesundheit und geistiger Fitness ist das Ziel der meisten Menschen. Doch weshalb sieht die Realität bei so vielen ganz anders aus? Weshalb altern und sterben wir tatsächlich viel früher als das aus unserer Sicht eigentlich der Fall sein dürfte?

Wer schon einmal das Alte Testament aufgeschlagen hat, wird vermutlich mit Erstaunen gelesen haben, dass Adam und Eva dieser historischen Schrift zufolge über 900 Jahre alt wurden. War das allerdings nur eine freundliche Übertreibung der alten Hebräer, oder ist an dieser sensationellen Lebensepoche tatsächlich etwas dran? Könnte es etwa sein, dass die Menschen ein viel größeres Lebenspotenzial haben, als uns das heute bewusst ist? Obwohl die gegenwärtige menschliche Lebensdauer durchschnittlich bei rund 70-80 Jahren liegt, setzt der unliebsame Alterungsprozess bereits deutlich früher ein. Fachleute meinen sogar, er beginnt bereits mit der Geburt. Und das betrifft alle Lebensformen unseres Planeten, die sich geschlechtlich fortpflanzen. Da die Natur auf Artenerhalt ausgerichtet ist, unterliegt auch der menschliche Körper diesem ungeschriebenen Gesetz.

Ab etwa 25 Jahren zeigen sich bereits die ersten Spuren der bisherigen Lebensjahre an Gesicht und Körper. Die Haarpracht vieler Männer hat spätestens bis um die 30 deutliche Einbußen erlitten und manche sind sogar (teil-)ergraut. Aber auch die ersten Fältchen wurden sichtbar und die Fitness ist nicht mehr so toll, wie noch vor wenigen Jahren. Dazu gesellen sich oft Zahnprobleme, Gelenksschmerzen, eine zunehmende Erkältungsempfindlichkeit und so manche Allergie. Diverse Verschleißerscheinungen machen sich auf diese Weise schon im relativ jungen Alter bemerkbar.

Der Alterungsprozess selbst ist von verschiedenen Faktoren wie genetische Voraussetzungen sowie der jeweils individuellen Lebensführung abhängig. Daher setzt er bei manchen früher und bei anderen später ein. Immer wieder erfährt man in den Medien von Menschen, die unglaubliche 120 Jahre oder älter wurden. Auch Johannes Heesters ist von den bekannten Persönlichkeiten mit seinen derzeit 105 Jahren ein erstaunliches Beispiel für hohes Alter.

Tatsächlich befindet sich die Lebenserwartung in Mitteleuropa allgemein im Steigen. Wer heute im deutschsprachigen Raum geboren wird, hat eine um 30 Jahre höhere Lebenserwartung als jemand, der hier vor 100 Jahren geboren wurde. Seit 1970 ist die Lebenserwartung in allen Industriestaaten auf ähnliche Weise gestiegen. Dabei erreicht Japan nach wie vor den Spitzenplatz - dicht gefolgt von Schweden, der Schweiz und Kanada. Im weltweiten Ländervergleich schneiden die afrikanischen Staaten am schlechtesten ab.

Die Zunahme der Lebenserwartung kann im Wesentlichen auf den Rückgang der Säuglings- und Kindersterblichkeit zurückgeführt werden. Während von 1000 Säuglingen heute in Deutschland nur fünf sterben, waren es 1970 noch 23 und vor hundert Jahren an die 200 Kinder. So wie die Lebenserwartung kontinuierlich steigt, ist der Anteil der hauptberuflichen Lebensphase deutlich gesunken. Während dieser um 1870 noch rund 75 Prozent ausmachte, liegt er inzwischen nur mehr bei etwa 43 Prozent.

Im Kampf gegen Erbkrankheiten könnte Wissenschaftlern 2010 ein entscheidender Durchbruch gelungen sein. Britische Forscher der Universität Newcastle arbeiten mit befruchteten menschlichen Eizellen, die bei der In-Vitro-Fertilisation gewonnen, aber nicht genutzt werden konnten. Ihre Widmung gilt Krankheiten, die auf einem bestimmten DNA-Defekt beruhen, wie in einer aktuellen Studie berichtet wird. Mutationen dieser DNA-Form sind zwar meistens harmlos, können sich aber auch zerstörerisch auswirken und schwere Krankheiten wie Blindheit oder Herzversagen verursachen.

Bei ihren Versuchen entfernten die Wissenschaftler aus befruchteten Eizellen mit defekter DNA den männlichen und weiblichen Zellkern, um sie in eine weitere Eizelle einzupflanzen. Aus dieser hatten sie allerdings zuvor den Zellkern entfernt. In der weiteren Eizelle blieben jedoch die „Kraftwerke“ der menschlichen Zellen erhalten und sie verfügte über die genetischen Informationen von Vater und Mutter. Dazu der leitende Neurologe Douglass Turnbull: „Was wir getan haben, ist wie das Wechseln der Batterie an einem Laptop. Die Energieversorgung funktioniert dadurch richtig, aber die auf der Festplatte gespeicherte Information ist unverändert.“ Obwohl diese Arbeit als ethisch umstritten gilt, beurteilte der Direktor der britischen Muskel-Dystrophie-Gesellschaft die Forschungsergebnisse als vielversprechend für betroffene Eltern, die vielleicht „eine echte Chance haben werden, gesunde Kinder zu bekommen.“

Die Esoterik betrachtet das zurückliegende Leben eines Menschens manchmal als einen dichten, energetischen Tunnel, durch den sich der Betreffende vorwärts nach oben hin bewegt. Dieser Tunnel spiegelt die Farben des Regenbogens wider und geht in ein leuchtendes Weiß über. Darin sind viele helle und dunkle Punkte zu sehen, welche die getroffenen Entscheidungen des Menschen darstellen. Diese beschränken sich auf Ja/Nein und Hell/Dunkel für oder gegen das Licht.

Viele Esoteriker sind der Meinung, dass jede Seele ihren Todeszeitpunkt selbst festlegt, da sie sich für das Leben bestimmte Aufgaben vorgenommen hat (oder mit solchen betraut wurde). Wenn die Lernaufgaben der jeweiligen Lebensspanne erfüllt sind, erübrigt sich ein Weiterleben. Der Entschluss, zurückzugehen, kann allerdings auch erfolgen, wenn die (vielleicht zu schwierigen) Aufgaben nicht geschafft wurden. Demzufolge stirbt niemand durch Zufall oder widrige Umstände, sondern unterliegt einem höheren Sinn, der im Spirituellen begründet ist.

Bei dieser Betrachtung wird der Tod zum Wunsch unserer Seele, und der Sinn des Lebens ist ausschließlich die geistige Entwicklung des Menschen. Obwohl sich im Alltag viele als Spielball des Zufalls oder des Schicksals fühlen, sind wir in Wirklichkeit selbst Herr unseres Lebens und unserer Entwicklung. Wir haben die Möglichkeit, selbst in unser Leben einzugreifen und neue Wege einzuschlagen. Dazu erreichen wir auf unserem Weg immer wieder neue Meilensteine, an denen wir wichtige Entscheidungen treffen oder auch unterlassen können.

Was dabei die Lebenserwartung anbelangt, so beschleunigen die menschlichen Untugenden den körperlichen und geistigen Verfall. Dazu gehören unsere täglichen Gedanken und Gefühle, das Grübeln, die Unzufriedenheit und das Hadern mit zurückliegenden, nicht mehr zu ändernden Geschehnissen. Wer sich dabei von der Liebe zu weit entfernt oder sie gar vergisst, wird bald alt und krank. Und der Tod der Gefühle ist bereits der seelische Tod des Menschen.

Vom rechten Lebensweg abzukommen, bedeutet meistens auch eine Abspaltung von der geistigen Welt. Das hat eine spirituelle Verirrung und Verlorenheit bzw. eine Gefangenschaft in den Klauen des Materiellen zur Folge. Ohne Hilfe der Erkenntnis des Lichts lässt sich dieser Prozess für den Menschen nicht umkehren. Es heißt, dass grundsätzlich jegliches Leben im Aufstieg begriffen ist. Auch wenn es seine Zeit dauert, führt der Weg des inneren Wachstums jede Seele beständig zur Liebe.

Die „Biogerontologie“ beschäftigt sich als Teilgebiet der Entwicklungsbiologie mit der Erforschung der Ursachen biologischen Alterns und dessen Folgen. Dabei werden, man höre und staune, mehr als 300 verschiedene Theorien des Alterns diskutiert. Die „Geriatrie“ wiederum befasst sich mit den biologischen Folgen des Alterns, also den verschiedenen durch das Altern verursachten Krankheiten. Die früher üblichen Ausdrücke „Altersschwäche und Gebrechen“ werden in diesem Zusammenhang allerdings heute nicht mehr gern verwendet.

Aus der Sicht der Biologie wird das primäre Altern durch zelluläre Alterungsprozesse hervorgerufen, die auch unabhängig von Krankheiten erfolgen. Auf die interessante Frage, weshalb Organismen überhaupt altern und letzten Endes sterben, gibt es zahlreiche Antworten, die „Alternstheorien“ genannt werden. Trotz aller Fortschritte, wurde aber bis heute noch keine davon als wissenschaftlich umfassende Antwort akzeptiert. Neben den vielen möglichen Ursachen des Alterns wird die hauptsächliche den Sauerstoffatomen namens „freie Radikale“ zugesprochen. Obwohl im Körper sogenannte Antioxydanssysteme (Vitamin A, C, E und div. Enzyme) für das Einfangen der freien Radikalen verantwortlich sind, können Membrane, Proteine und Chromosomen beschädigt oder sogar zerstört werden.

Zur Zeit geht man davon aus, dass beim Menschen täglich etwa 10.000 DNA-Schädigungen pro Zelle erfolgen, die jedoch großteils wieder repariert werden können. Daraus lässt sich schließen, dass die Effizienz der körpereigenen Reparaturmechanismen ganz allgemein über die Lebensspanne des Individuums entscheiden. Und die Qualität dieser Mechanismen ist genetisch bedingt sehr unterschiedlich. Man vermutet übrigens, dass die freien Radikalen auch für diverse chronische Erkrankungen, wie Altersdiabetes, Morbus Parkinson und die Alzheimer-Demenz verantwortlich sind.

Mit fortschreitendem Alter stellt sich für viele Menschen auch die entscheidende Frage, ob sie ihr Lebensumfeld in ein Pensionistenheim verlegen sollen. Manche empfinden diesen Gedanken, der vielleicht von der Familie an sie herangetragen wird, mit Panik und dem beklemmenden Gefühl, für den Rest des Lebens abgeschoben zu werden. Andere hingegen melden sich schon in relativ jungen Jahren selbst in einem Heim ihrer Wahl an, um ihr Leben später komfortabler, geselliger und abwechslungsreicher zu gestalten. Damit verbunden ist auch die pflegerische, ärztliche, psychosoziale und therapeutische Betreuung sowie volle Verpflegung, Wäscheservice, Raumpflege und Teilnahme an diversen Veranstaltungen.

Die in Österreich angebotenen Einzelappartements sind durchschnittlich 34m² und die Doppelappartements 48m² groß. Genug Raum also, um bequem leben zu können, ohne sich um die Instandhaltung einer eigenen Wohnung kümmern zu müssen.

Die meisten Wiener Pensionisten-Wohnhäuser bieten ihren Bewohnern sogar die Möglichkeit, eigene Möbel mitzubringen und stellen bei Bedarf auch günstige Garagenplätze zur Verfügung. Entsprechend gut situierte Pensionisten leben bereits im Heim, behalten aber, zumindest noch einige Zeit über, ihre frühere Wohnung oder ihr Haus. Selbst Urlaubsreisen sind für die Heimbewohner, bei entsprechender Rüstigkeit, ohne Weiteres gestattet.

Worauf es im Leben aber letzten Endes wirklich ankommt, ist und bleibt die Gesundheit. Dr. Norman W. Walker war einer der bedeutendsten Gesundheitsärzte und Ernährungsforscher in den USA. Seine Bücher wurden zum Vorbild vieler Ärzte, Forscher und Autoren. Im Alter von 113 Jahren schrieb er sein letztes Buch und befand sich bis zu seinem Tod im 115. Lebensjahr im Vollbesitz seiner Kräfte. Er machte Haus- und Gartenarbeiten und fuhr als über Hundertjähriger noch immer mit dem Fahrrad. Dr. Walker überlebte alle seine Kritiker und gilt heute als der Wegbereiter einer natürlichen, gesunden Lebensweise.

Sein Leitsatz lautete: „Sie sind, was Sie essen, und Sie sind so jung (oder so alt), wie Sie sich fühlen. Jahre haben überhaupt nichts mit dem Alter eines Menschen zu tun, außer dass sie verstrichene Zeit registrieren. Man kann alt sein mit Dreißig, und man kann jung sein mit Siebzig. Der Zustand des Körpers drückt unmittelbar aus, welchen psychischen und physischen Einflüssen er in der Vergangenheit ausgesetzt war.“

Die Dokumentation und Forschung rund um die ältesten Menschen der Welt leisten einen wichtigen Beitrag zur Ermittlung der maximalen menschlichen Lebensspanne. In diesem Sinne ist es für die Wissenschaft hochinteressant, herauszufinden, was in den Genen und der Lebensführung der über Hundertjährigen den Alterungsprozess derart verlangsamt hat. Diese Erkenntnisse sind mit der großen Hoffnung verbunden, eines Tages altershemmende Maßnahmen bzw. Medikamente zu entwickeln, die von allen genutzt werden können.

Der wohl berühmteste Greis der Geschichte ist der biblische Methusalem (969 Jahre, Gen 5,21-27). Sein Name wird noch heute als Synonym für eine sehr alte Person verwendet. Inzwischen gibt es auch im Guiness-Buch der Rekorde die Rubrik „Ältester Mensch." Den weithin akzeptierten männlichen Altersrekord hält darin Christian Mortensen mit 115 Jahren (16. August 1882 - 25. April 1998). Der allgemeine Altersweltrekord wird der Südfranzösin Jeanne Calment mit 122 Jahren zugestanden (21. Februar 1875 - 4. August 1997). Sie galt als der älteste Mensch, dessen Chronologie einwandfrei verbürgt war. Als Kind hatte sie noch Vincent van Gogh kennen gelernt.

Gegen Ende dieses Jahrhunderts wird heutigen Einschätzungen nach das Durchschnittsalter der Menschen 120-140 Jahre betragen. Das derzeitige Mindestalter, um auf die Liste der ältesten Menschen zu kommen, ist übrigens 113 Jahre und 275 Tage. Auf www.testreich.com (die Todesuhr) können Sie Ihre persönliche Lebenserwartung kostenlos berechnen.

8 – Der Tod als Ende des sichtbaren irdischen Lebens

Geburt und Tod bilden Anfang und Ende unseres Daseins. „Der Tod muss, noch mehr als das Leben, das innerste Wesen zum Ausdruck bringen“ meinte Jean-Jacques Rousseau. Für Julie ist der Tod der Augenblick der Erfüllung, des Bewusstseins der Vollendung des Lebens: „O Tod, komm, wann immer du willst.“ Zugleich wird der Tod von manchen als das Außergewöhnlichste bezeichnet, das es auf der Welt gibt. Nichts ist mysteriöser als er, da er bis in das Zentrum unserer Existenz vordringt und bei den Menschen die heftigsten Gefühlsreaktionen auslöst. Daher gibt es für viele keinen bedeutsameren Augenblick als ihn. Dennoch fällt es den meisten schwer, darüber zu sprechen. Das Todesthema ist für viele tabu. Es scheint, als ob sie das Gefühl haben, damit auf irgendeine Weise mit dem eigenen Sterben konfrontiert zu werden.

Der Tod kann einem zwar in jedem Lebensalter ereilen, doch mit zunehmenden Alter ist man immer öfter mit Situationen konfrontiert, die einem die eigene körperliche Vergänglichkeit vor Augen führen. Und zwar dann, wenn nahe Angehörige, Freunde oder Bekannte sterben. Ab einem gewissen Zeitpunkt erfolgen immer öfter Begräbnisbesuche und vielleicht ist man auch selbst als Sterbebegleiter gefordert. Ausbildungen zur Sterbebegleitung werden von kirchlichen und sozialen Verbänden angeboten, zum Beispiel von der Caritas, dem Malteser-Hilfsdienst, der Diakonie und der Johanniter-Unfall-Hilfe. Die meistens ehrenamtlichen Sterbebegleiter erhalten von den jeweiligen Verbänden zunächst eine gründliche Vorbereitung auf ihren Dienst.

Zu unseren großen Herausforderungen zählt der Umgang mit dem Verlust eines geliebten Menschen. Und diesem finalen Schnitt geht häufig eine qualvolle Phase des Wartens voraus. Dann ist es soweit, dass sich die Themen Tod und Sterben immer mehr im eigenen Bewusstsein verankern.

Das heißt, dass wir zuerst den Tod anderer erleben und uns meistens nicht wirklich vorstellen können, auch selbst eines Tages sterben zu müssen und irgendwann nicht mehr da zu sein. Doch es ist nur eine Frage der Zeit, bis uns bewusst wird, dass jedem Einzelnen von uns irgendwann die Stunde schlägt. Auch die Medien steigern heutzutage die Angst vor dem Tod, da sie uns täglich grausames Sterben, Terror, Krieg, Unfälle, Morde und Naturkatastrophen direkt ins Wohnzimmer liefern. Andererseits wird das Sterben in unmittelbarer Nähe wesentlich stärker als früher von uns abgeschirmt, da uns Seniorenheime, Hospize und Beerdigungsinstitute die Sorge um Alte, Kranke, Sterbende und Tote immer mehr abnehmen. Das heißt, dass in unseren Breiten der Tod zumeist unter Ausschluss der Öffentlichkeit erfolgt.

Doch, selbst Ärzte fühlen sich oft hilflos im Umgang mit chronisch Kranken, Krebskranken und Sterbenden. Mediziner wurden in ihrer Ausbildung bisher kaum auf diese speziellen Belastungen vorbereitet. Der Schweizer Therapeut Peter Fässler-Weibel befasst sich seit Jahren in Seminaren und Büchern mit diesem Tabuthema. Und hier geht es immerhin um Fragen, wie: Ob der Arzt einem Schwerkranken die Wahrheit über dessen Gesundheitszustand sagen soll. Ebenso ob man Angehörige in dieses Gespräch mit einbeziehen soll oder nicht. Wann ist der geeignete Zeitpunkt für solche Gespräche und wie viel Wahrheit kann man dem Patienten zumuten?

Zehn bis zwanzig Prozent der sterbenden Menschen werden in ihrer letzten Lebensphase von Hospizen betreut. Und zwar meistens bei Krankheit und in schwierigen Situationen, ohne der religiösen Ausrichtung oder Herkunft Bedeutung beizumessen. Das ist auch für die Angehörigen eine große Entlastung und stellt eine Begleitung bei der Trauer dar. Häufig sind diese Häuser wie kleine Pflegeheime organisiert. Es gibt aber auch ambulante Hospize und sogar Kinderhospize. Die Träger dieser Sterbebegleitung sind meistens gemeinnützige Vereine, Kirchen oder Stiftungen.

Hochkomplexe Fälle werden in den Palliativstationen von Krankenhäusern medikamentös eingestellt. Rund drei Wochen ist ihre Versorgung dort finanziell gesichert. Palliativstationen werden vom jeweiligen Bundesland geregelt. In der Steiermark beispielsweise läuft 2012 ein dreijähriges innovatives Pilotprojekt, das zur Gänze vom Land gefördert wird. Palliative Care ist laut Definition der Weltgesundheitsorganisation WHO die umfassende, ganzheitliche Betreuung von Menschen, die an einer unheilbaren und weit fortgeschrittenen Krankheit leiden. Als Zielsetzung gilt bis zuletzt die Erhaltung der Lebensqualität. Ein Sterben in Würde, Autonomie und weitgehender Schmerzfreiheit soll dabei gewährleistet werden.

Da für jeden von uns einmal der Tag des Abschieds kommt, ist es durchaus sinnvoll, sich schon zu Lebzeiten Gedanken darüber zu machen und seine wichtigsten Dinge zu regeln. Den Empfehlungen der Bestattung Wien nach sollte man seine Dokumente in einer Mappe verwahren und rechtzeitig an eine Patientenverfügung denken. Ebenso wäre die Bestattungsart auszuwählen und eine Vertrauensperson zu bestimmen. Häufig empfiehlt sich auch das Abschließen einer Vorsorgeversicherung für das Begräbnis. Ein besonders wichtiger Punkt ist die Festlegung der Vermögensweitergabe. Dazu sollte das Testament sicher, aber auffindbar verwahrt werden. Vorweg abzuklären ist aber auch, wo sich das Grab befinden und wie die Grabpflege erfolgen soll. Daher ist es durchaus legitim, seine Wünsche über den Ablauf der Trauerfeier zu äußern.

Wenn uns ein geliebter Mensch verlassen hat, ist meistens Beistand nötig. Vor allem Kinder brauchen in solchen Fällen viel Unterstützung. In der Praxis sind Angehörige aber häufig überfordert, die Kleinen richtig zu betreuen. Daher hat die Caritas jetzt in Niederösterreich eigene Trauergruppen für Buben und Mädchen gestartet. Während Angehörige trauern, wollen sie in ihrer Überforderung die Kinder schonen. Dabei sagt Caritas Projektleiterin Angela Siquans, dass es nicht zielführend sei, Kinder etwa beim Begräbnis fernzuhalten: „Trauer muss ausgelebt werden." Dazu gibt es nunmehr für fünf bis zwölf Jahre alte Buben und Mädchen alle zwei Wochen eigens organisierte Treffen. Experten stehen den Betroffenen zur Seite und die Nachfrage nach Plätzen ist groß. Das Besondere an der Trauerarbeit mit Kindern ist, dass sie den Tod geliebter Menschen anders als Erwachsene erleben. „Sie sind plötzlich tieftraurig und in der nächsten Minute aber wieder glücklich" meint die Caritas-Expertin. Daher muss man den Kindern Raum geben, um Schlimmes zu verarbeiten.

Als Sterben wird im Allgemeinen die Zeit am Ende eines Lebens beim Übergang zum Tod bezeichnet. Eine exakte Grenze zwischen Sterben und Tod lässt sich allerdings nur schwer ziehen. Aus medizinischer Sicht ist der eingetretene Tod eines Menschen ziemlich klar definierbar. Und zwar wenn die Atmungs- und Herztätigkeit (Kreislaufstillstand) oder die Gehirnaktivität (Hirntod) erlischt. Sichere Nachweise sind zum Beispiel eine zehnminütige EKG-Null-Linie sowie der Hirntodnachweis mittels Elektroenzephalogramm. Etwa dreißig Minuten nach Eintritt des Todes werden die charakteristischen Totenflecken erkennbar.

Der Tod wird auch als unumkehrbarer Verlust der Zellteilungsfähigkeit durch Zerstörung des Genoms (Erbgut eines Lebewesens) bezeichnet. Die biologische Begründung für das Altern und den natürlichen Tod wird von der Wissenschaft im Mechanismus der Evolution vermutet. Lebewesen, die ihr Erbgut erfolgreich weitergegeben haben, existieren gewissermaßen im Erbgut der Nachfahren fort. Damit können sowohl Talente und Fähigkeiten, aber auch Erbkrankheiten verbunden sein. Letztere treten, wie zum Beispiel Nervenkrankheiten, unter Umständen erst im fortgeschrittenen Alter auf.

Die Theorie besagt, dass diese „genetisch unaufgeräumten Winkel" den Alterstod verursachen. Die „Mortalität" drückt die Wahrscheinlichkeit, an einer Krankheit zu sterben, in Zahlen oder Wahrscheinlichkeiten aus. Zu den natürlichen Todesarten zählen Krankheiten und das Versagen von Körperfunktionen. Zu den nicht natürlichen zählt man Unfälle, Verbrechen, Krieg, Vergiftungen oder Suizide.

Es heißt, jeder Mensch stirbt seinen eigenen Tod, so wie er auch im Leben seinen eigenen Weg gegangen ist. Dabei gibt es allerdings kein „richtiges" oder „gutes" Sterben. Manche erreichen einen Zustand, in dem sie den Tod akzeptieren und ihren Frieden gefunden haben. Andere wiederum wehren sich bis zur letzten Minute vehement gegen ihn. Es kommt aber auch vor, dass Angehörige einen zum Sterben bereiten Kranken nicht gehen lassen wollen. Doch sollten sie sich nicht an ihn klammern und dabei die Zeit bis zum Abschied als Krise erleben, sondern dem Sterbenden in dieser letzten Lebensphase das schöne Gefühl der Zusammengehörigkeit und Verbundenheit geben. Schließlich ist der harmonische Umgang mit Sterben und dem Tod auch Zeichen für eine gesunde Gesellschaft.

In den meisten Fällen helfen Menschen, deren Ende bevorsteht, gute Gespräche und - sofern sie dazu in der Lage sind - das Schreiben von Briefen oder Tagebucheinträge. „Eine menschliche Präsenz im Raum ist im letzten Stadium das Wichtigste. Vor allem, wenn Patienten in ihren letzten Stunden eine starke innere Unruhe plagt" sagt Anna Pissarek, Leiterin vom Dachverband Hospiz Österreich. Sterbende können vor ihrem Tod Nahestehende seelisch sehr berühren und diese, falls sie nicht ohnehin in der Nähe sind, zu einem Besuch bewegen. Manche Angehörige wiederum gehen einem letzten Gegenübertreten mit dem Sterbenden von Angesicht zu Angesicht bewusst aus dem Weg. Wenn der Tod erst einmal eingetreten ist, gleichen sich die Verhaltensweisen aber meistens wieder ziemlich an. Begräbnisse und Trauer haben oft kollektive Auswirkungen.

In den vergangenen Jahrhunderten war das Sterben maßgeblich vom damals noch wesentlich stärkeren Einfluss der Kirche geprägt. Oft war ein Todesfall auch der Anlass, um in sich zu gehen, über das eigene Leben nachzudenken und vielleicht sogar eine persönliche Umkehr anzustreben. Das ist allerdings in unserer heutigen, schnelllebigen Zeit voller Gefühlsdefizite kaum mehr der Fall. Inzwischen ist Sterben hauptsächlich ein Thema der Medizin und Spitäler geworden. Der direkte Umgang mit dem Tod geschieht viel seltener als früher, da er kaum mehr im Kreise der Familie oder unter (Kriegs-)Kameraden erfolgt. Der Leichnam eines Klinik-Verstorbenen wird in der Regel vom Bestattungsunternehmen übernommen und in vielen Fällen gleich an das Krematorium weitergeleitet. Manche sprechen in diesem Zusammenhang auch von einem anonymisierten und entfremdeten Sterben in der heutigen Massen- und Spaßgesellschaft.

Dennoch kann es sich für jeden als seltene und sehr wertvolle Erfahrung erweisen, einen Menschen in den Tod zu begleiten. Jeder, der auf den Tod zugeht, braucht einen oder mehrere verständnisvolle Menschen in seiner Nähe, damit er sich mit dem Unvermeidlichen anfreunden und dem Tod als „Freund und Verwandler“ ruhig und entspannt ins Auge blicken kann. So manches will im Rückblick eines mitunter langen Lebens noch verarbeitet und geregelt werden, bis die Seele den ersehnten Frieden findet. Ein empfindsamer Sterbebegleiter kann dabei die oft bildhafte Sprache des Sterbenden verstehen und auch zu sprechen lernen.

Mit dem Tod eines nahestehenden Menschen sind für die Zurückbleibenden oft so starke Gefühle und Körperreaktionen verbunden, dass diese plötzlich den Alltag bestimmen. Meistens will man die Realität anfangs gar nicht wahrhaben und fällt in einen regelrechten Schock- und Trance-Zustand. Wenn einem dann das volle Ausmaß des Verlustes bewusst wird, brechen noch dazu Schmerz und Verzweiflung hervor. Die darauf folgende Trauerarbeit braucht immer seine Zeit, bis man wieder fähig ist, sich nach außen zu orientieren. Erst nach der Verarbeitung des traurigen Ereignisses, mit einem neuen, in die Zukunft gerichteten Blick, kann sich das körperliche und seelische Gleichgewicht wieder einstellen.

In der dichterischen Form wird der Tod oft personifiziert. Er erscheint dann als Freund Hein, Schlafes Bruder, Gevatter Tod oder als Sensenmann. Vanitas (leerer Schein, Nichtigkeit, Vergeblichkeit) ist das Wort für die christlich-jüdische Vorstellung der Vergänglichkeit alles Irdischen. Sie wird im Buch Kohelet im Alten Testament ausgesprochen (Koh. 1,2). Vanitas-Motive zeigen, dass der Mensch keine Gewalt über Leben und Tod hat. Am auffälligsten sind dabei die Bilder des Vergänglichen wie der Schädel oder die Sanduhr. Bei Johann Casper Lavaters Darstellung der Physiognomischen

Fragmente lauert hinter der verführerischen Maske der Schönheit der Tod. Seine lateinischen Bezeichnungen sind nex, letum oder mors.

Es gibt auch eine Reihe an geistlichen Liedern, die auf den Tod Bezug nehmen, wie jene von Martin Luther und F. G. Klopstock, aber auch Sebastian Bachs vierstimmige Choralgesänge „Komm' o Tod, du Schlafes Bruder" und das Requiem in d-Moll aus dem Jahre 1791 von Wolfgang Amadeus Mozart als seine letzte Komposition, während deren Arbeit er starb. Da es sich um ein Auftragswerk handelte, wurde das Requiem im Auftrag von Constanze Mozart, der Witwe des Meisters, von dessen Schülern Joseph Eybler und Franz Xaver Süßmayr vollendet.

Der Vorgang des Sterbens wird je nach Kulturkreis und Weltanschauung unterschiedlich empfunden. Darunter versteht man verschiedene Zeitrahmen und Zustände, die manchmal sogar verdrängt werden. Es gibt Kulturen, die in ihrer sozialen Haltung den Tod bejahen oder verneinen (Heldentod und Höllenangst). Daher gestaltet sich weltweit gesehen der Umgang mit dem Sterben und dem Tod sehr unterschiedlich.

Wenn eine Kultur die Endgültigkeit des Todes verneint, rechnen die Zurückgebliebenen mit der Weiterexistenz des Verstorbenen. Zugleich müssen sie mit einer entsprechenden Lebensweise für den eigenen körperlichen Tod vorsorgen, damit das spätere Weiterleben in einer anderen Dimension positiv verläuft. Diese Philosophie beinhaltet auch den Gedanken der Wiedergeburt und des ewigen Lebens, was mit zahlreichen Bräuchen und Ritualen verbunden ist.

Klagen über die Vergänglichkeit sind schon in der Antike zu finden. Der Philosoph Platon formulierte den Ausspruch „panta rhei" (alles fließt), der allerdings Heraklit zugeschrieben wird. Weiters begründen die Klagelieder des Jeremias eine Tradition, die bis in die Barockzeit reicht. Mit dem Ausspruch „sic transit gloria mundi" sollten die Päpste an ihre Vergänglichkeit erinnert werden (So vergeht der Ruhm der Welt).

Der französische Historiker Philippe Ariès dokumentierte, dass auf spätrömischen, heidnischen Grabsteinen mit einer Menge von Bildern und Texten versucht wird, sich am Vergänglichen festzuklammern. Die christlichen Grabsteine dieser Epoche hingegen zeigen nur das Kreuz. Um 400 wurden die „Confessiones" von Augustinus von Hippo zum Vorbild für die christliche Abwendung von der antiken Welt. Auf zahlreichen Bildern erscheint hier das Vergängliche dauerhaft und beherrschbar. Nach mittelalterlich-religiöser Auffassung ist das aber nur Schein, da sich das Wesentliche und Lebendige nicht festhalten lasse. In den Ostkirchen erfolgte zur bildlichen Darstellung über Jahrhunderte hinweg eine Blütezeit der Ikonen. Eine Gegenbewegung dazu waren etwa der „byzantische Bilderstreit" und das „Bilderverbot im Islam".

Das tibetische Totenbuch ist eine Schrift aus dem 8. Jahrhundert, die auf den Begründer des tibetischen Buddhismus zurück geht. Es beinhaltet Unterweisungen über den Sterbeprozess und die Wiedergeburt in drei Zwischenzuständen sowie die Möglichkeit, aus diesem Kreislauf auszubrechen. Schließlich mündet es in die Vorstellung der Reinkarnation (Wiedergeburt), die auch als ein anderes Lebewesen erfolgen kann. Die Wiener Ärztin Dr. Sathya Alessandra Bernhard bin Saîf meint dazu: „Es geht darum, dass der Mensch bis zur letzten Sekunde Erfüllung erfährt. Nur so kann der Sterbende wirklich loslassen." Natürlich sind dabei auch die unterschiedlichen Entwicklungsstadien eines Menschen sehr wichtig. Das tibetische Sterbebuch bietet ein Ritual für Hinterbliebene zur Trauerbewältigung an: 40 Tage lang soll der Tote begleitet werden, damit sich seine Seele lösen kann.

„Ich helfe mit Selbstreinigungsprozessen, Ritualen und Gesprächen allen Menschen, die offen dafür sind" meint Bernhard bin Saîf, die mongolisch-tibetisch-buddhistische Psychologie, Philosophie und Medizin studierte. Sie lebt und arbeitet als Ärztin nach der traditionellen tibetischen Medizin in Wien und hat bereits einige Bücher veröffentlicht. Es ist ihr Ziel, als Brückenbauerin zwischen östlicher und westlicher Kultur und Tradition zu vermitteln und zu helfen (www.archetype.in).

„Von der gestrigen Rose bleibt nur der Name" stellt Bernhard von Morlay um 1140 fest. Dies wurde zum Titel von Umberto Ecos Erfolgsroman „Der Name der Rose." Weiters enthalten die zahlreich gedruckten Ars moriendi-Schriften als Künste des Sterbens Bilder und Texte mit Symbolen der Vergänglichkeit. Ihr Zweck war es, dem Kranken bei der Vorbereitung auf den Tod beizustehen.

Für Vanitas (leerer Schein, Nichtigkeit, Eitelkeit, Lüge, Misserfolg, Vergeblichkeit) standen im Mittelalter insbesondere Abbildungen von Narren. Nicht von ungefähr sollten Hofnarren ihren Herrscher an die Vergänglichkeit des menschlichen Eigensinns erinnern. Nur weil sie selbst lächerlich und ungehörig waren, durften sie das Lächerliche und Ungehörige darstellen. Unter dem Motto der eigenen Vergänglichkeit entstand auch die Zeit der „Fastnacht." Seit dem 15. Jahrhundert wird sie bis heute mit Tanz-, Musik- und Theaterveranstaltungen zelebriert.

Auch die christliche Moraltheologie widmet sich dem Problem des Todes. Am meisten beschäftigt sie die Frage nach dem Sinn des Todes und nach der Aufgabe der Menschen, diesem Sinn gerecht zu werden. Die meisten Menschen sehen dem Tod mit Bangen entgegen. Sie empfinden ihn als Übel und Verlust des hohen Gutes, des körperlichen Lebens. Das erscheint ihnen als rätselhaftes Geschehen und sie fragen bedrückt nach dem Grund dafür. Die Offenbarung gibt Auskunft, „dass der Mensch zu einem seligen Ziel" über die Grenzen des irdischen Elends hinaus von Gott geschaffen ist (GS 18). Durch die verantwortliche Gestaltung seines irdischen Lebens soll er seiner Endbestimmung, die in Gott liegt, entgegen reifen.

Das irdische Leben ist dem Menschen als Gut geschenkt, als einmalige kostbare Gelegenheit, als die Spanne Zeit, in der er sein ewiges Schicksal erwirken kann und soll. Ob ihm zur Erfüllung dieser seiner wesentlichen Aufgabe genügend Zeit zur Verfügung stand, hat der Schöpfer des Lebens und der Ewigkeit zu entscheiden. Nie darf der Mensch daher seinen oder eines schuldlosen Mitmenschen Tod absichtlich herbeiführen. Im Tode aber endet die Zeit, in der der Mensch an seiner eigenen Reifung arbeiten konnte. Seine erreichte Grundeinstellung zu Gott, sich selbst, der Mitwelt und der Umwelt wird endgültig. „Es kommt die Nacht, da keiner wirken kann" (Joh. 9,4).

Im Katechismus der katholischen Kirche werden mit dem Begriff „Todsünde" einige bestimmte, sehr schwerwiegende Sünden bezeichnet. Wer eine solche Verfehlung in vollem Bewusstsein begeht, verstößt auch gegen die Zehn Gebote. Der klassischen Theologie nach entstehen diese Sünden aus sieben schlechten Charaktereigenschaften:

1) Hochmut (erfolgt aus Eitelkeit, Stolz und Übermut)
2) Geiz (erfolgt aus Habgier)
3) Wollust (erfolgt aus Genusssucht und Ausschweifung)
4) Zorn (erfolgt aus Rachsucht, Wut und Vergeltung)
5) Völlerei (erfolgt aus Gefräßigkeit, Maßlosigkeit und Egoismus)
6) Neid (erfolgt aus Eifersucht und Missgunst)

7) Faulheit (erfolgt aus Feigheit, Ignoranz und Trägheit)

Wenn man ohne vollkommene Reue und Buße stirbt, zieht eine solche schwere Sünde den zweiten Tod in Form der Höllenstrafe mit sich, lehrt uns die katholische Kirche. Die Reue muss allerdings auch den Wunsch enthalten, das Bußsakrament und die Absolution zu empfangen.

Da auch der Vatikan der Globalisierung und Modernisierung der heutigen Gesellschaft Rechnung tragen will, wird von päpstlicher Seite eine Anpassung der Todsünden überlegt. Bischof Gianfranco Girotti präsentierte daher 2008 als Beichte-Spezialist eine neue Liste der Todsünden:

1) Drogenhandel- und konsum
2) Missbrauch von Kindern und Jugendlichen
3) Umweltverschmutzung (besonders das Einleiten giftiger Substanzen in die Natur)
4) Prostitution
5) Genmanipulation bei Menschen
6) Andere aus Profitgier in die Armut zu treiben
7) Geldverschwendung für Luxusartikel

Und von Mahatma Ghandi lautete die Definition der sieben Todsünden der modernen Welt wie folgt:

1) Reichtum ohne Arbeit
2) Genuss ohne Gewissen
3) Wissen ohne Charakter
4) Geschäft ohne Moral
5) Wissenschaft ohne Menschlichkeit
6) Religion ohne Opferbereitschaft
7) Politik ohne Prinzipien

Es ist nicht sicher, dass der Mensch, wie man immer angenommen hat, das einzige Lebewesen ist, das von seiner Sterblichkeit weiß. Hingegen ist er das einzige, das seine Toten bestattet. Dadurch unterscheidet er sich sogar von den ihm vorausgehenden Hominiden, von denen manche bereits Feuer und Werkzeuge kannten. Der homo sapiens als Jäger und Sammler des Neandertals ist dann auch der erste gewesen, der seine Verstorbenen in Grabstellen, ja, regelrechten Gemeinschafts- und Familiengräbern beisetzte. Das belegen unsere mehr als vierzigtausend Jahre zurückreichenden ältesten Friedhöfe. Philippe Ariès beschreibt diese Entwicklung auf meisterhafte Weise in seinem Buch „Bilder zur Geschichte des Todes.“

Demnach ist der Friedhof - oder das Grab - das dauerhafte Zeichen menschlichen Treibens und Daseins. Es legt Zeugnis ab von einer stetigen Beziehung zwischen Tod und Kultur. Im alten Rom oder Pompeji wurden die Toten aus der Stadt ausgeschlossen. Damit erfolgte eine offensichtliche Trennung von den Lebenden und Toten. Die Toten durften die Lebenden nicht stören und sich auch nicht mit ihnen mischen. Dennoch sollten sie nahe genug sein, damit man ihnen versöhnende Grabspenden bringen oder in ihrer Nähe die rituellen Totenmähler einnehmen konnte. Deshalb überführte man sie an den Stadtrand - an die Stadttore und großen Ausfallstraßen wie die Via Appia in Rom oder jenseits der Porta Nocera in Pompeji.

Coemeterium ist als Bezeichnung für Friedhof erst spät aus dem Griechischen ins christliche Latein eingedrungen. Denn im Altertum bestattete man eben dort, wo man gerade wollte oder Platz fand, wenn es nur außerhalb der Stadt war. Allmählich begannen die Würdenträger der Stadt dann Bauwerke zu errichten, die ihr Ansehen aufrecht erhielten und sich auch jenseits des Todes in der Erinnerung ihrer Zeitgenossen einprägen sollten. So wurden in Rom im Herzen der Stadt, auf dem Forum und an der Stelle ihrer Gablegung, an günstig gelegenen Orten, wo viele Menschen vorbeikamen, prächtige Monumente erbaut - zum Beispiel an den Rändern der Straßenzeilen und in der Nähe der Stadttore. Auf diese Weise verließ man die Stadt durch eine Allee großer Grabstätten, die Zeugnisse zu Ehren der Stadt darstellten. Die Armen und Sklaven hingegen wurden, wie man vermutet, ohne Zeremonien außerhalb der Kommune auf einer Art Schindanger bestattet. Das Grab blieb vorerst nur den städtischen Wohltätern vorbehalten.

Von der öffentlichen Meinung wurde auch die Einsamkeit lange mit der Armut identifiziert, denn der Arme war vor allem ein Mensch, der allein war. Er lief Gefahr, bis in den Tod allein zu bleiben. Etwa im dritten Jahrhundert nach Christus erfolgten dann große Veränderungen unserer Kulturgeschichte, mit denen auch der Friedhof in der Stadt in Erscheinung trat. Hinter den repräsentativen Grabmonumenten, welche die Straße säumten, kamen nun bescheidene Gräber auf ungeordnete, lockere Weise hinzu. Und allmählich nahm der Friedhof einen gewichtigen Rang in der kollektiven Sensibilität der großen Städte ein. Es kam sogar zur Errichtung vertikaler

Friedhöfe, auf dem die Grabstätten mehrere Stockwerke hoch übereinander getürmt wurden. Sie hatten einfache, kleine Alveolen (Mulden), mit einer Steinplatte verschlossen, auf der eine Inschrift und Unsterblichkeitssymbole eingraviert waren.

Heilige und christliche Märtyrer wurden auf den Vorortfriedhöfen beigesetzt, die sowohl Christen als auch Heiden zur Verfügung standen. Mit den Gräbern dieser besonderen Verstorbenen entwickelte sich schließlich ein Kult, da Gläubige herbeiströmten und dort die Messe zelebrierten. Dann wurden an diesen Stellen Kirchen gebaut, um den Pilgerstrom aufzunehmen und ihn zu steuern. Damit wollte man auch den Kult der Heiligen weiter ausbauen. Allmählich wurden diese Friedhofskirchen mit ihren Nebengebäuden zu den Orten der Grablegung - von Gläubigen sehr begehrt, da es ihnen erstrebenswert erschien, in der Nähe der Heiligen (ad sanctos) beigesetzt zu werden. Diese Friedhöfe wurden zum Mittelpunkt einer neuen Siedlung in Form eines Marktfleckens oder Vororts. Vor allem in Frankreich finden sich noch heute bedeutende Beispiele solcher Vorortkirchen. Z.B. in Bordeaux im Umkreis von Saint-Seurin, in Marseille im Umkreis von Saint-Victor u.sw.

Es entstand auch der Begriff Nekropole oder Totenstadt (altgr. nekrós ‚Toter' und polis ‚Stadt') als eine größere Begräbnis- und Weihestätte des Altertums und der Ur- und Frühgeschichte. Oft lagen die Nekropolen abseits der Wohnsiedlungen. In griechischen, römischen, phönizischen und jüdischen Orten war es aus religiösen Gründen sogar Vorschrift, dass die Begräbnisorte außerhalb der Siedlungen lagen.

Schließlich wurden aber die alten, abseits, auf dem Lande oder einer Anhöhe gelegenen Friedhöfe zugunsten der Kirche, einer Siedlung und des Raumes um die Kirche aufgelassen. Im französischen Civeaux befinden sich noch heute zwei Nekropolen: eine äußere, aufgegebene, eher weitläufige, und eine im Umkreis der Kirche, räumlich mehr zusammengeballte - aus der Epoche kurz vor dem 11. Jahrhundert. Damit verlagerte sich der Friedhof zunehmend in die Mitte der Stadt oder des Dorfes. Die Toten drangen auf diese Weise in die Zentren der Menschen vor. Es gab keine Kirche mehr ohne Friedhof und keinen Friedhof ohne Kirche. Die Kirchen selbst wurden zu Friedhöfen.

Am berühmten“ Cimetière des Innocents“ (Friedhof der Unschuldigen) wurden unzählige Generationen an Pariser Einwohnern beigesetzt. Heute erscheint er uns als eine Art Modell des mittelalterlichen Friedhofs, der aître oder charnier (Massengrab) ist. Bis zum Ende des 18. Jahrhunderts war er der größte innerstädtische Friedhof von Paris. Der mittelalterliche Friedhof hatte allerdings nichts gemein, mit dem was wir heute unter Friedhof verstehen. Als öffentlicher Ort war er oft ein von lärmendem Leben erfüllter Platz, wo sich die Menschen, etwa nach der Messe, verabredeten und versammelten - also ein Ort der Geselligkeit, ein gemeinschaftlicher Raum von Lebenden und Toten. Dieser Umstand charakterisiert auf anschauliche Weise die Gesellschaft unserer lateinischen Christenheit bis zum 18. Jahrhundert.

Wie es Ariès beschreibt, ist der Tod des 19. Jahrhunderts nicht mehr der Tod, den man für die eigene Person fürchtet, der einem hinterrücks überfällt, sondern einer, der einem jene entreißt, die man liebt - also der Tod des Anderen. Zu den Hauptkennzeichen dieser Epoche wurden daher die Ausprägung der Trauer, der Kult des Gedenkens und der häufige Besuch des Friedhofs und der Gräber. Der gute Ton erforderte es, Gefühle oft mit überschwänglichen, pathetischen Gebärden zum Ausdruck zu bringen.

Neben dem Sterben an sich war früher auch noch eine weitere große Angst der Menschen verbunden. Sie betraf den Scheintod (Vita minima) und den Umstand, lebendig begraben zu werden. Damit wurde ein Zustand bezeichnet, in dem der Mensch ohne Bewusstsein war und leblos wirkte, eben so als ob er tot wäre. Die Scheintodangst wurde sogar zu einer kollektiven Traumata der Gesellschaft des 18. und 19. Jahrhunderts. Lange Zeit über konnten die Mediziner nur mit Hilfe der Pulskontrolle, dem Abhören des Herzschlags und der Atmungswahrnehmung feststellen, ob ein Mensch noch lebt oder verstorben ist. Damals erschien es ganz normal, dass jeder Mensch vor seinem Tod in einen solchen Zwischenzustand gelangt.

Heute würde es grotesk anmuten, jemanden einen Spiegel vor dem Mund zu halten, um festzustellen, ob er noch lebt. Doch selbst Kerzen, Federn, Salze und Salmiak wurden den Menschen einst zu diesem Zweck vor die Nase gehalten oder darauf geträufelt. Auch mit einem Wasserglas, das auf den Brustkorb des Jeweiligen gestellt wurde, versuchte man durch Erkennen der Hebe- und Senkbewegung festzustellen, ob er noch lebt. Selbst die flache Hand und Fußsohle mit Stichen oder gar glühenden Eisen zu reizen, war ein gängiges Mittel der Sterbekontrolle. Auf diese Weise konnte sogar der eine oder andere scheinbar Tote schmerzerfüllt wieder ins Leben gerufen werden. Mehr Auskünfte darüber gibt die „Oeconomische Encyclopädie."

Zur praktischen Wiederbelebung wurden bei zugedrückter Nase oft Pfeffer- und Salzlösungen in den Mund gespritzt. Eine weitere Anleitung von Anno dazumal: „Man gebe im Klystiere von Kochsalz ungefähr 2 bis 3 Loth desselben in warmen Wasser aufgelöset, oder Tabacksauflösung. Hierher gehören auch die Tabacksrauchklystiere, wenn ein Instrument vorhanden ist" - aus Krünitz.

Anhand der modernen medizinischen Diagnostik kann der Tod eines Menschen heutzutage zweifelsfrei festgestellt werden. Der Begriff „Scheintod" wird daher inzwischen für Zustände der Bewusstlosigkeit oder des Komas nicht mehr verwendet. Im 19. Jahrhundert war dieser Begriff in der Medizin jedoch noch weit verbreitet. Die 1808 von Christoph Wilhelm Hufeland verfasste Abhandlung mit dem Titel „Der Scheintod" bemühte sich, den Bewusstlosigkeitszustand anhand verschiedener Merkmale vom Tod abzugrenzen. Am häufigsten trat der Scheintod damals noch bei Neugeborenen, scheinbar Ertrunkenen, Erfrorenen, Erhängten oder Erwürgten auf.

Tatsächlich berichten eine Reihe grausiger Funde und medizinischer Berichte von verzweifelten Überlebenskämpfen in den Särgen oder Gruften finsterer Erdreiche. Das frühere Unvermögen, den Eintritt des Todes mit dem Erlöschen aller Körperfunktionen sicher zu erkennen, brachte auf diese Weise makabre Folgen mit sich. Bei Ausgrabungen auf dem Klosterfriedhof von Abelhold fand man sogar eindrucksvolle Zeugnisse einer Sarggeburt. Gelegentlich wurde den Toten auch eine Schaufel und eine Axt mit in den Sarg gelegt. Kein Wunder, dass die Erzählung „Scheintot begraben" von Edgar Allen Poe noch lange vor der Produktion von Fantasy-Filmen zu einem Klassiker avancierte.

Im 18. und 19. Jahrhundert entstand eine regelrechte Hysterie rund um die Vorstellung vom Scheintod. Das führte bei manchen Lebenden zu skurrilen Präventivmaßnahmen. So wurde vielfach gefordert, dass die Bestattung erst dann erfolgen dürfe, wenn bereits die Verwesung eingesetzt hatte. Aufzeichnungen nach wurde in Graz der (Sicherheits-)Herzstich bis in das 20. Jahrhundert hinein vollzogen.

1792 errichtete man in Weimar das erste Leichenhaus. Dabei handelte es sich um einen Rundbau für eine Aufsichtsperson in der Mitte des einzigen Raumes. Von hier aus konnte man die Verstorbenen gut beobachten. Der Weimarer Wächter wurde auch noch mit einem speziellen Signal unterstützt. Und zwar von einer Konstruktion aus Fäden und Glöckchen, die an den Fingern und Zehen der Leichen befestigt waren. Der Erfinder davon war Dr. Christoph Wilhelm Hufeland, der auch als Begründer des Leichenhauses gilt.

Die Assyrer, Perser und Ägypter verstanden sich im Altertum auf die Kunst des Einbalsamierens. Das wohl klassischste Beispiel stellt der ägyptische Pharao Tutanchamun dar. Allerdings sind die damals angewendeten Verfahren bis heute nicht näher bekannt. Vagen Überlieferungen nach wurden die Körperhöhlen entleert und mit aromatischen Substanzen gefüllt. Angeblich hat man die Leichen danach in Nitron- und Natron-Lösungen gelegt. Früher wurden auch die verstorbenen Päpste einbalsamiert. Erst ab Papst Johannes Paul II. hat man von dieser Tradition wieder Abstand genommen. Auch der sowjetrussische Revolutionär Lenin wurde einbalsamiert.

Inzwischen ist auch das Rätsel der schönsten Mumie der Welt gelöst. Dabei handelt es sich um Rosalia Lombardo, die wie ein kleines schlafendes Mädchen in der unterirdischen Kapuzinergruft im süditalienischen Palermo (Sizilien) liegt. Mit ihrer zart gebräunten, sanft schimmernden Haut und der gelben Schleife im blonden Haar verzaubert sie täglich viele Menschen. Und das, obwohl die kleine Italienerin bereits seit über 90 Jahren tot ist. Das Mädchen starb Anfang des 20. Jahrhunderts an der berüchtigten Spanischen Grippe, der damals rund 25 Millionen Menschen zum Opfer fielen. Der Zauber ihres kindlichen Antlitzes konnte Dank Rosalias Vater und dem Einbalsamierer Alfredo Salafia bis heute erhalten bleiben.

General Mario Lombardo wollte sich mit dem Schicksal seines kleinen Mädchens nicht abfinden und empfand es als unerträglich, das Kind niemals wiedersehen zu können. In seiner Verzweiflung wandte er sich an einen Freund der Familie, und zwar an den damals bereits berühmten Einbalsamierer Alfredo Salafia. Und dieser verbrachte das Wunder der „schönsten Mumie“ der Welt. Noch dazu überzeugte er die Kapuzinermönche von Palermo, das Mädchen in ihrer Gruft unterzubringen. Eine historisch-medizinische Entdeckung von enormer Bedeutung war die erst vor wenigen Jahren erfolgte Enträtselung der Einbalsamierungstechniken Salafias.

Von manchen Angehörigen wird nach wie vor eine offene Aufbahrung des Verstorbenen gewünscht. Dazu ist es auch heute noch üblich, Einbalsamierungen vorzunehmen. Ebenso wenn eine längere Überführung bevorsteht. Bei diesen Techniken spricht man von der Thanatopraxie oder der praktischen Thanatologie. Hier geht es nicht darum, den Körper für die Ewigkeit, sondern nur bis zum Begräbnis zu konservieren. Auf diese Weise bleibt die Leiche auch noch ansehlich, wenn das Begräbnis erst Wochen nach dem Tod stattfindet. Zugleich hat sie einen guten Geruch und überträgt keine Krankheitserreger. Wie Bestatter mitteilen, wird heutzutage der Abschied am offenen Sarg für viele Angehörige immer wichtiger. Dabei ist die Aufbahrung des Toten ein wesentlicher Teil der Trauerarbeit, um mit dem Verlust besser fertig zu werden.

Manche Menschen äußern den Wunsch nach einer Feuerbestattung mit dem anschließenden Verstreuen ihrer Asche in freier Natur, wie in einem Fluss, auf einer Wiese oder im Gebirge. Unserer Gesetzeslage nach war dieses Vorhaben lange verboten, ist aber inzwischen gestattet. Die Naturbestattung in Gießhübl/Niederösterreich beispielsweise bietet dazu mehrere Leistungen an. Sogar Ascheverstreuungen in der Luft aus einem Flugzeug sind inzwischen möglich. Sollte der Wunsch nach einer Urnenbestattung im Garten bestehen, könnte sich auch dieser, abhängig von den lokalen Gegebenheiten, erfüllen lassen.

Der amerikanische Schriftsteller Robert Monroe beschreibt in seinem ersten Buch ein silbernes Band, das wie eine Energieleitung für eine körperliche und seelische Verbindung sorgt und zum Zeitpunkt des Todes getrennt wird: „Der Lebensleib und der Seelenleib sind vom physischen Leib und auch voneinander abtrennbar. Der Lebensleib kann sich allerdings nicht weit vom physischen Leib entfernen, der Seelenleib hingegen kann das durchaus. Die Silberschnur ist die Verbindung zwischen dem Lebensleib und dem reisenden Seelenleib." Diese Verbindung ermöglicht eine Kommunikation zwischen den beiden. Der Verstand oder das Bewusstsein gehört zum Seelenleib, und das Verbindungsband ermöglicht es, untereinander Informationen auszutauschen.

Wenn jemand einen Schlafenden aufweckt, wird durch dieses Band der Verstand darüber informiert und kehrt zum physischen Leib zurück. Auf diese Weise kann er wieder auf ihn einwirken und für das Zusammenspiel der fünf Sinne sorgen. Man könnte auch sagen, dass sich der bewusste Verstand im

Seelenleib entfernte, während das Unterbewusstsein durch dieses Band weiterhin mit dem Erhalt der Lebensfunktionen des physischen Leibes beschäftigt war. Während der Abwesenheit wurden vom Unterbewusstsein nur die unwillkürlichen Körperfunktionen kontrolliert. Danach kann auch wieder die Kontrolle über die willkürlichen erfolgen.

Wird dieses Silberband allerdings zerschnitten, tritt der physische Tod ein. Es erfolgt eine Loslösung der Verbindung, weil der physische Leib leblos wurde. Die Dicke des Silberbandes wird durch den Sinn der Seele für seine irdische Existenz bestimmt. Je mehr die Seele eines Menschen nach weltlichen Dingen strebt, desto stärker wird die Schnur zwischen Seele und Körper. Und je stärker diese Verbindung ist, desto schwieriger wird es auch, sie zu lösen, was allerdings beim Eintritt des Todes erfolgen muss. Das kann mit großen Schmerzen verbunden sein. War das Silberband aber dünn und zart, wird die Ablösung leicht und schmerzlos erfolgen.

Mit der „Aura“ soll auch ein weiteres spirituelles Kennzeichen, das die augenblickliche Lebendigkeit des Menschen widerspiegelt, nicht unerwähnt bleiben. Dieser Begriff stammt aus dem Griechischen und bedeutet so viel wie Hauch. Als Energiekörper des Menschen umgibt sie seinen Körper auf wolken- oder lichtkranzartige Weise und verändert dabei wie eine Lichthülle immer wieder ihre Dichte und Farben.

Insgesamt hat sie neun Schichten und besteht hauptsächlich aus elektromagnetischer Strahlung. Ihre Teile werden Ätherleib, Astralleib, Mentalkörper und Spiritualleib genannt. Die Chakren stellen dabei als feinstoffliche Organe die Verbindungen zwischen dem Energiekörper und dem realen Körper her und steuern den Energiefluss. Wenn ein Kind geboren wird, beginnt sich die Aura auszubreiten. Das fängt beim Nabel an und setzt sich wie die Kreise eines Steines, der ins Wasser geworfen wird, fort.

Die Grundfarbe der Aura entspricht in etwa der charakterlichen Beschaffenheit des Menschen. Darin werden Emotionen, Gedanken und Lügen sichtbar, ebenso Eifer, Kraft und Willensstärke. Klare, kräftige und helle Töne in der Aura zeigen positive Qualitäten an - matte, dunkle und dumpfe Töne hingegen einen Mangel an Kraft und Stabilität sowie Pessimismus. Die Farbe Schwarz ist ein Hinweis auf die Verneinung des Lebens. Dazu gehören alle negativen Emotionen, Taten und Gedanken.

Manche Leute können die Aura sehen. Man sagt, auch Kinder mit drei bis vier Jahren sind dazu in der Lage. Mit der Zeit wird diese Fähigkeit aber meistens vergessen. Zum Zeitpunkt des Todes beginnt die Aura allmählich zu verschwinden. Es heißt, sie geht zurück zum Nabel und wird dort zu einer konzentrierten Energie in Form eines starken Lichtes. Wenn es um den soeben Verstorbenen sehr still ist, können manche Menschen spüren, wie sich diese starke Energie als ein lebendiges Kraftfeld zusammenzieht und zur Mitte zurückkehrt. Dann verlässt dieses Zentrum den Körper.

Daher heißt es auch aus gutem Grunde, dass um einen Toten herum viele seltsame Dinge geschehen. Wenn er im Leben mit jemanden in Liebe verbunden war, hatte er einen Teil seiner Lebensenergie an jenen Menschen abgegeben. Bei seinem Tod entweicht dieser Teil wieder vom anderen und kehrt zum Verstorbenen zurück, ganz egal wo immer er sich auf der Welt zu diesem Zeitpunkt aufhält. Deshalb hat man beim Tod eines geliebten Menschen das Gefühl, dass in einem selbst etwas weggegangen bzw. gestorben ist. Was bleibt, ist eine Wunde, ein tiefes Loch. Doch Bertolt Brecht meinte: „Der Mensch ist erst wirklich tot, wenn niemand mehr an ihn denkt“, und Willi Brandt ließ sich auf den Grabstein schreiben: „Man hat sich bemüht. Das ist schon etwas“.

Dazu noch einige weitere Gedanken:

„Nicht den Tod sollte man fürchten, sondern dass man nie beginnen wird, zu leben.“
Marcus Aurelius

„Was die Raupe Ende der Welt nennt, nennt der Rest der Welt Schmetterling.“
Laotse

„ Am Ende gilt doch nur, was wir getan und gelebt -
und nicht was wir ersehnt haben.“
Arthur Schnitzler

„Was für ein herrliches Leben hatte ich!
Ich wünschte nur, ich hätte es früher bemerkt.“
Colette

„Das ganze Leben ist ein ewiges Wiederanfangen."
Hugo von Hoffmannsthal

„Das Wichtigste im Leben sind die Spuren von Liebe,
die wir hinterlassen, wenn wir weggehen."
Unbekannt

„Ihr seid jetzt traurig, aber ich werde euch wiedersehen,
dann wird euer Herz sich freuen und eure Freude
wird euch niemand nehmen."
Johannes 16,22

9 – Die Ethik des Todes

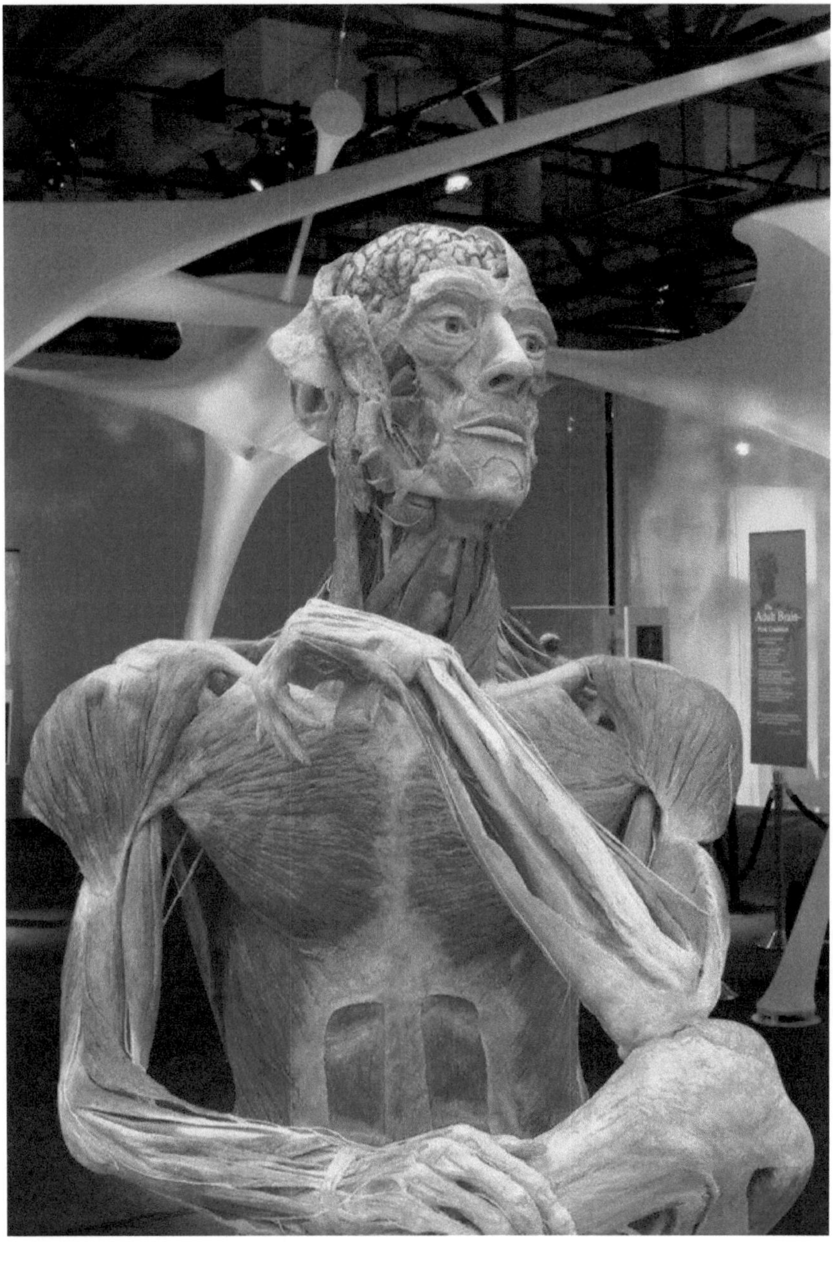

Wenn man von der Ethik und Menschenwürde des Todes spricht, kommt man nicht umhin, sich auch den Gebieten Medizin, Euthanasie und Sterbehilfe zu widmen. Zum historischen Wandel der Todesvorstellungen meint Montaignes Apercu: „Wir sterben nicht, weil wir krank sind, sondern weil wir leben." Die Menschen der Antike wünschten sich einen guten, schönen Tod (Euthanasie) im Kreise ihrer Angehörigen. In diesem Sinne verabschiedete sich der sterbende Kaiser Augustus von seiner Gemahlin mit den Worten: „Lebe weiter und lebe wohl!"

Die mittelalterlichen Stundenbücher fügten dieser Todesethik noch die religiöse Dimension hinzu, distanzierten sich aber von der Euthanasie. Erst der neuzeitliche Denker Bacon griff 1623 den tabubehafteten Euthanasiebegriff wieder auf. Dabei unterschied er allerdings zwischen der Hilfe *zum* Sterben und der Hilfe *im* Sterben, sprich zwischen aktiver und passiver Euthanasie. Was in die gegenwärtige Euthanasiediskussion, bei der es um das Selbstbestimmungsrecht des Leidenden geht, immer wieder einfließt, ist auch der Umstand, dass Euthanasie in Deutschland mit 200.000 Opfern zur zentralen Nazi-Ausrottungspolitik gehörte. Nach heutigen Erkenntnissen erscheint es wichtig, eine Sterbebegleitung zu leisten, die den ganzen Menschen auf sozialer, psychischer, körperlicher und geistiger Ebene umfasst.

Als neuer Wissenschaftszweig soll die Bioethik die bisherige Ethik mit ihrem Tötungsverbot durch eine „neue Ethik" ersetzen. Das wäre auch mit einer Verwertung von Menschen gewissermaßen als „Rohmaterial" für Forschung und Wirtschaft verbunden. Vor allem in Dänemark, der Schweiz und Deutschland sind die Widerstände gegen Euthanasie bereits ziemlich aufgeweicht. Zunehmend wird die Abfassung sogenannter „Patiententestamente" angeraten. Damit können Bürger im Falle einer späteren Nichturteilsfähigkeit, ihren Wunsch nach Beendigung des Lebens schon vorweg geltend machen. Bestrebungen, aktive Sterbehilfe EU-weit zu legalisieren, finden vorerst noch keine Zustimmung. Der Antrag, ein „Recht auf Sterben" einzuführen, wurde im Europaparlament abgelehnt.

In diesem Zusammenhang sind natürlich auch Organtransplantationen und Gentechnik sehr aktuelle Themen. Immer wieder kommt es jährlich bei zig Tausenden Mitmenschen zum Versagen oder zur Zerstörung einzelner Organe. Infektionen, Unfälle, Vergiftungen etc. sind mögliche Ursachen dazu, bei denen die Betroffenen oft selbst keine Schuld trifft. Daher erscheint es als Selbstverständlichkeit, lebensgefährlich Erkrankten das Leben zu erhalten.

Zu viele, die sich das verdient hätten, sind ohnehin schon unnötiger Weise gestorben.

In den meisten Fällen liegt es an den Ärzten, mit den Angehörigen über die Organentnahme eines Verstorbenen zu sprechen. Das stellt allerdings für beide Seiten eine schwierige Situation dar. Von Trauer und Schmerz erfüllte Angehörige müssen nun möglichst rasch darüber befinden, wie Vater, Mutter, Ehemann, Ehefrau oder Kind über diese Frage entschieden hätten. Manche fühlen sich von dieser Anfrage regelrecht überrumpelt oder bedrängt. Daher erscheint es durchaus sinnvoll, bereits zu Lebzeiten Vorsorge zu tragen und sich für oder gegen diese Anforderung zu entscheiden und diese den Verwandten auch mitzuteilen. Bei sich getragene Organspenderausweise unterstützen dieses Vorhaben zusätzlich. In der Regel erhält man sie beim Arzt, Apotheker oder bei zuständigen Organisationen.

Gelegentlich ist bei diesem Thema auch von einer „Ersatzteilmentalität“ die Rede. Bedenkt man allerdings, dass der Tausch von Zähnen, Augenlinsen, Beinen, Herzklappen, Hüftgelenken u.s.w. bereits zur medizinischen Tagesroutine gehört, sollte es in unserer technisch fortgeschrittenen Welt auch keine ernsthaften Vorbehalte gegen Organtransplantationen geben. Leider besteht weltweit ein eklatanter Mangel an guten, verfügbaren Tauschorganen. Daher hat sich der Organhandel neben der offiziellen Organisation auch längst zu einem skrupellosen, kriminellen Wirtschaftszweig entwickelt. Ein Arzt, der sich daran beteiligt, begeht allerdings eine schwere Straftat und muss mit dem Verlust seiner Approbation und einer rund fünfjährigen Haftstrafe rechnen.

Gegen Organentnahmen wird auch argumentiert, dass man doch möglichst mit einem unversehrten Körper ins Jenseits kommen möchte. Einerseits ist dieser Wunsch verständlich, andererseits muss einem aber auch klar sein, dass dies gar nicht möglich ist. Niemand stirbt mit einem unversehrten Körper, da dem Tod in der Regel Krankheit, Unfall oder ein hohes Alter vorangehen. Und die unaufhaltsame Zerstörung des Körpers nimmt mit oder ohne Organe ihren Lauf. Mit einer Organspende hingegen kann ein Teil des Körpers bis zu 30 Jahren, und manchmal sogar noch länger, weiterexistieren und dabei Gutes vollbringen.

Altern und Menschenwürde stehen nicht erst seit Frank Schirrmachers viel diskutierter These über die Probleme der alternden Gesellschaft (Das Methusalem-Komplott) auf der politischen Tagesordnung. Dieses Thema ist vor allem auch im Zusammenhang mit der Alzheimer-Demenz von großer Aktualität. Leider sind deren Ursachen nach wie vor genau so unbekannt wie erfolgreiche Therapiemöglichkeiten. Fest steht nur, dass sich die sichtbaren Anzeichen in hochgradiger Vergesslichkeit, Aphasie und schweren Depressionen äußern. Mit dieser tückischen Krankheit werden auch die elementaren Rechte unserer Kultur, wie persönliche Autonomie, Willensfreiheit und Menschenwürde einer großen Prüfung unterzogen.

Für Diskussionen um die Ethik des Todes sorgen auch immer wieder Gunther von Hagens „Körperwelten." Dabei handelt es sich um öffentlich zugängliche Anatomieschauen, bei denen jeweils rund 200 Exponate plastinierter menschlicher Körper ausgestellt werden. Diese international organisierten Ausstellungen ziehen oft an die 300.000 Besucher an. Von Hagen, der deutsche Erfinder und Anatom möchte damit den Besuchern auf einzigartige Weise ihre eigene Anatomie und die Funktionsweise ihres Körpers demonstrieren.

„Körperwelten" bezeichnet sich als die weltweit einzige Anatomieschau, die für die Plastination der ausgestellten Körper auf ein eigenes Körperspendeprogramm und damit auf die lückenlos nachweisbare Herkunft der ausgestellten Exponate verweisen kann. Weltweit sind mehr als 11.000 Körperspender registriert, davon über 9.000 aus Deutschland. Während hier für manche ein ethisch bedenkliches Geschäft mit dem Tod zur Diskussion steht, verweist der Erfinder jedoch überzeugend auf die Freiwilligkeit seiner zahlreichen Exponate-Kandidaten.

Blickt man in der Geschichte zurück, so finden sich zahlreiche Traditionen und Verhaltensweisen, bei denen auf den Respekt des Lebens sowie auf die Würde und Ethik des Todes nicht gerade Wert gelegt wurde. Das beginnt mit den Opferungen von Menschen, die im Namen von Religionen oder sonstigen Ideologien in vielen Teilen der Welt erfolgten. Rituelle Tötungen fanden bereits in prähistorischer Zeit und in alten Kulturen statt. Meistens handelte es sich um symbolische Nahrungsopfer für eine Gottheit, aber auch um Gaben zur Beschwichtigung von dessen Zorn in Notlagen sowie um weiteres Unheil abzuwenden. Ebenso wurde mit Menschenopfern um Segen gefleht oder Dank ausgedrückt. Für diese blutigen Zeremonien gab es meistens spezielle Kultplätze- oder Gebäude. Lange Zeit über wurden Katastrophen wie Dürren, Erdbeben, Überschwemmungen, Vulkanausbrüche und Ähnliches als Zeichen göttlichen Zorns angesehen. Daher sollten Menschenopfer die Götter wieder besänftigen.

Aber auch die Bestattungen von Herrschern, Oberpriestern und hohen Beamten waren in den Hochkulturen immer wieder mit Menschenopfern verbunden. Dabei spricht man von „Nebenbestattungen". Und meistens waren es junge Männer, die als Gefolgsleute ihr Leben lassen mussten. Die Getöteten sollten der hochrangigen Person auch im Jenseits als Helfer zur Verfügung stehen. Das trifft vor allem bei mongolischen, skythischen und mittelamerikanischen Anführern zu.

Manche Menschenopfer dienten auch Priestern, die anhand der Körperteile getöteter Sklaven oder Gefangener ihre Weissagungen für die Zukunft machten. Vor allem bei den Kelten und Germanen war das keine Seltenheit. Dieser Opferkult war auch weltweit Teil von Ackerbau-Religionen, bei denen um die Fruchtbarkeit des Landes und um einen günstigen Verlauf der Jahreszeiten gefleht wurde. Aus dem alten Griechenland gibt es Hinweise auf Opferungen anlässlich der Kronia (Erntefeier des Kronos).

Ein weiteres dunkles Kapitel in Hinblick auf Menschenwürde und Todesethik sind die zahlreichen Hexenverfolgungen, die in Europa vor allem während der frühen Neuzeit und weltweit bis in die Gegenwart verbreitet waren und leider noch immer sind. Auf Grundlage der Magie, des Zaubers und dem Glauben an einen Teufelspakt erfolgte in manchen Religionen eine massenhafte Verfolgung bestimmter Personen. Persönliches Unglück, Missernten und Krisen waren häufige Anlässe, um Hexenprozesse abzuhalten. „Moderne" Hexenverfolgungen sind noch immer in Afrika, Südostasien und Südamerika anzutreffen.

Der Glaube an Zauberer ist bereits in den alten Hochkulturen nachzuweisen. Anfang des 15. Jahrhunderts wurde die juristische Verwendung des Begriffes „Hexe" eingeführt. In diesem Zusammenhang bezeichnete man die beobachteten angeblichen magischen Praktiken als „Schwarze Magie." Und diese löste eine gezielte Verfolgung der vermeintlichen Hexen und Zauberer aus. Erste Verurteilungen von Hexen gab es im 13. Jahrhundert mit dem Aufkommen der Inquisition, die ihr Hauptaugenmerk auf Herätiker richtete. Als Häresie wird eine Lehre bezeichnet, die im Widerspruch zur Lehre der christlichen Großkirche steht und selbst den Anspruch hat, die richtige

Wahrheit zu verbreiten. Der Gegenbegriff dazu ist die „Orthodoxie“ (Rechtgläubigkeit).

Die damalige Entwicklung wird sogar als europäisches Hysterie-Phänomen in Hinblick auf Zauberei und Hexerei bezeichnet. Das war mit vielen Verdächtigungen, Denunzierungen, öffentlichen Massenprozessen und grausamen Hinrichtungen verbunden. Besonders während des Dreißigjährigen Krieges (1618-1648) wütete die Hexenverfolgung in Mitteleuropa. Das weit verbreitete Urteil war nach vorheriger Folter zum Erreichen des Geständnisses der Feuertod, sprich das Verbrennen bei lebendigem Leib am Scheiterhaufen. Auf diese Weise sollte die Seele gereinigt werden. Als gelegentlich gewährter Akt der Gnade galt ein zuvor erfolgtes Enthaupten, Erdrosseln oder das Umhängen eines Schwarzpulversäckchens um den Hals.

Das nächste schwere Verbrechen gegen die Menschlichkeit stellt die schon erwähnte Folter (auch Marter, Tortur) dar. Mit ihr sollte Menschen über Jahrtausende hinweg gezieltes psychisches und physisches Leid zugefügt werden. Meistens dient/e sie als zweckdienliches Mittel, um eine Aussage, ein Geständnis, einen Widerruf oder wichtige Informationen zu erpressen. Ein weiteres Ziel der Folter war und ist es ferner, den Willen und Widerstand des Gefolterten zu brechen. Leider gilt es als erwiesen, dass Menschen generell eine latente Bereitschaft zum Foltern haben.

In Deutschland wurde die Folter seit Anfang des 14. Jahrhunderts als gängige Methode der weltlichen Gerichtsbarkeit eingesetzt. Und das nicht einmal als Strafe, sondern als sogenanntes körperliches Zwangsmittel zum Zwecke der Erforschung der Wahrheit über ein Verbrechen. Papst Innozenz IV. erließ 1252 seine berühmt-berüchtigte „Bulle Ad Extirpanda“, die nordtitalienische Städte anhielt, Personen, die sich der Ketzerei verdächtig gemacht hatten, mit Hilfe der Folter zum Eingeständnis ihrer Verfehlungen zu zwingen.

Diese Methode wurde später auf ganz Italien ausgedehnt und von weiteren Päpsten bestätigt. Aufzeichnungen gelehrter Franziskaner nach, kam die Folter im 13. Jahrhundert auch in Deutschland bei kirchlichen Strafverfahren, wie der Inquisition, und den damit verbundenen weltlichen Behördensprüchen zur Anwendung. Im Laufe des Spätmittelalters breitete sich die Folter dann nahezu im gesamten Heiligen Römischen Reich Deutscher Nation aus. Und vielfach entschieden juristisch ungebildete Laienrichter über ihre Anwendung. Zahlreiche Folterungen führten dabei auch zum Tod.

Heute ist die Folter international geächtet, und das Foltern eines Menschen wird in Mitteleuropa als Straftat verfolgt. Dennoch wird diese Praktik nach wie vor in vielen Ländern der Erde als grausames, aber überaus wirksames Druckmittel eingesetzt. Klar ist die Formulierung der deutschen Verfassung, in der es heißt: „Die Würde des Menschen ist unantastbar“ Art. 1. „Festgehaltene Personen dürfen weder seelisch, noch körperlich misshandelt werden“ Art. 104.

Auf schreckliche Weise wurde die Ethik des Todes auch beim „Holocaust“ (oder „Schoah“) missachtet, der die Ermordung von rund sechs Millionen Menschen zur Folge hatte. Dieser unfassbare Völkermord als Verbrechen der Wehrmacht zielte auf eine vollständige Vernichtung der europäischen Juden hin. Als Begründung dazu diente der staatlich propagierte Antisemitismus, der ab 1941 systematisch exekutiert wurde. Die Nationalsozialisten hatten aber auch die Volksgruppen der Roma und Sinti zur „minderwertigen Fremdrasse“ erklärt, was zur weiteren Ermordung von Hunderttausenden führte.

Massenmorde der Nazis erfolgten auch an Millionen Einwohnern von Polen und der Sowjetunion sowie an Hunderttausenden behinderten Menschen, an den deutschen Kommunisten und Sozialdemokraten sowie an Homosexuellen und Zeugen Jehovas. Nach den Deportationen und Massenmorden osteuropäischer Juden hinter der Front, wurden eigens gebaute Vernichtungslager (KZ) wie Dachau, Ausschwitz oder Mauthausen zu historischen Stätten der Schikanen, Folter und Ermordung.

Wie man sieht, wurden die ethischen Aspekte des Sterbens in der Geschichte der Menschheit vielfach ignoriert. Zugleich zeigt sich, dass Politik, Religion, Medizin, Moral und Ästhetik nicht nur auf das Leben, sondern auch auf das Sterben der Menschen schon immer einen großen Einfluss hatten. Traditionelle Werte wie Menschenwürde und individueller Tod blieben dabei allerdings viel zu oft auf der Strecke. Einen kausalen Zusammenhang von Dichtung und Tod sieht der Poet Ahmed Seid, indem er meint: „Du, der du die Dichtung nicht liebst - dein Tod wird nicht schön sein.“ Andere meinen: „Erst die Endlichkeit unseres Seins gibt dem Leben einen Wert“ und Annette von Droste-Hülshoff drückt ihre Gedanken dazu folgendermaßen aus:

Tot ist überhaupt nichts:
Ich glitt lediglich über in den nächsten Raum.
Ich bin ich, und ihr seid ihr.
Warum sollte ich aus dem Sinn sein,
nur weil ich aus dem Blick bin?
Was auch immer wir füreinander waren,
sind wir auch jetzt noch.
Spielt, denkt an mich.
Leben bedeutet auch jetzt all das,
was es auch sonst bedeutet hat.
Es hat sich nichts verändert,
ich warte auf euch, irgendwo sehr nah bei euch.
Alles ist gut.

10- Religions- und Todesrituale verschiedener Kulturen

Unter Ritualen versteht man formelle oder feierliche, oft festliche Handlungen, die nach traditionellen, vorgegebenen Regeln ablaufen. Sie verfügen immer über einen hohen Symbolcharakter und sollen Halt und Orientierung vermitteln. Zur typischen Kommunikation gehören dazu Worte, genau so wie Gesten und altbekannte Symbole. Neben den Ritualen als gesellschaftliche Verhaltensregeln gibt es natürlich auch noch die jedem Menschen eigenen, persönlichen Rituale und Handlungen. Man könnte auch sagen, dass Rituale Ordnung in einer unordentlichen Welt schaffen sollen und meistens im Bereich der Religion verankert sind. Und fast jede Religion widmet damit Anlässen wie Geburt, Reife, Heirat und Tod einen feierlichen Rahmen.

In unseren Breiten herrscht heute vielfach die Meinung, dass jeder nach seiner eigenen Façon selig und auch so bestattet werden soll. Naturwissenschaftler, die an eine Abstammung des Menschen aus dem Tierreich glauben, haben sich einige Gedanken darüber gemacht, wann in unserer evolutionären Entwicklung noch vom Tier die Rede ist und ab wann man vom Menschen sprechen kann. Viele Fachleute kamen zu der Auffassung, dass die „Menschwerdung" erfolgte, als Verstorbene nicht mehr einfach in der Wildnis liegen gelassen wurden, sondern man sich irgendwie darum kümmerte, dass sie begraben oder mit Steinen bedeckt und somit vor wilden Tieren geschützt wurden.

Niemals kann man mehr über eine Kultur lernen, als wenn man sich ihren Umgang mit den Verstorbenen ansieht. Der Umgang mit den Toten lehrt uns unendlich viel über den Glauben und die Hoffnung der verschiedenen Völker. Der Glaube an ein Leben nach dem Tod war auch eines der wichtigsten Merkmale der altägyptischen Kultur. Dieses Volk betrieb immerhin einen ausgeklügelten Totenkult wie kaum ein anderes. Dabei hatten sich die Bestattungssitten und Grabbeigaben im Lauf der Jahrtausende stark verändert. Von der jeweiligen Periode und dem sozialen Status des Verstorbenen hing es ab, welche Objekte ihm mit in das Grab gelegt wurden.

Dabei schaffte es die Hochkultur am Nil, mehr als 3000 Jahre glanzvoll zu bestehen und war damit eine der ersten Hochkulturen der Menschheit. Wie neueste Forschungen enthüllten, war es vor allem der Götterkult, der dieses Volk vereinte, denn im Bund mit den Göttern hielten die Priester das Reich zusammen. Dabei erwies sich die Staatsreligion als überaus wichtig und stabilisierend. Erst als König Echnaton und seine Frau Nofretete 1350 vor Christus den Reichsgott durch einen neuen Sonnengott ersetzen wollten, erfolgte eine Kulturrevolution, die allmählich den Untergang des legendären Reiches einleitete.

Doch, lassen Sie uns zur Bestattungskultur zurückkehren. In der vor- und frühdynastischen Zeit (um 3000 v. Chr.) wurden die Toten meist in hockender Stellung in Gruben beigesetzt. Als Grabbeigaben dienten einige Gefäße mit Nahrung für die Ewigkeit. Aber auch Schminkfarben und Schmuck für Frauen und Waffen für die Männer waren dabei. Da das Leben im Jenseits als Fortsetzung des irdischen Daseins gesehen wurde, legte man die wichtigsten Sachen dazu mit ins Grab. Sogar Möbel, Spiele und Hunderte Vorratsbehälter sollten höhergestellten Persönlichkeiten ihr neues Leben angenehmer gestalten. Die meisten Dinge waren vorhandene, alltägliche Gebrauchsgegenstände. Nur wenig davon wurde eigens für die Bestattung angefertigt.

Ab der 4. ägyptischen Dynastie investierte man sehr viel Aufwand in die Errichtung der Pyramiden. Ebenso wendete man nun große Mühe für den Erhalt des Körpers der Toten auf, indem man begann, die verstorbenen Körper zu mumifizieren und somit vor dem Verfall zu schützen. Anstelle der früheren Grabbeigaben wurden deren Abbildungen nun an den Wänden dargestellt. Bei den wenigen Texten in den Gräbern kommen auch einige Gottheiten wie Anubis vor. An sie erging die Bitte für ein schönes Begräbnis des Verstorbenen sowie um dessen fortwährende Versorgung mit Nahrung.

Später widmete man sich verstärkt dem Ausbau der unterirdischen Grabanlagen, und es wurden auch wieder mehr Objekte ins Grab gelegt. Interessanter Weise gab es in der gesamten ägyptischen Geschichte aber niemals Objekte, die auf den Beruf des Toten Bezug nahmen.

Die antiken Griechen und Römer wiederum sahen den Körper als Gefängnis der Seele an. Da für sie die Seele das Eigentliche des Menschen war, ging es ihnen darum, diese vom Körper des Toten zu befreien, damit er „Seligkeit erlangen“ konnte. Daher wurden in der griechischen und römischen Antike die Verstorbenen durch Verbrennen (Brandgrab) bestattet. Eine Reihe von Ritualen sollte die lebendigen Eigenschaften des Verstorbenen hervorheben. Bei den Römern verfügte jede Ansiedlung außerhalb der Ortsgrenzen über ein Grabfeld mit rechteckigen Einfriedungsmauern. Teilweise befanden sich auch Monumente darin. Sowohl nach keltischem als auch nach römischem

Brauch waren Grabbeigaben (selbst bei der Feuerbestattung) als Abschiedgeschenke üblich.

Auch die Indianer in Nordamerika kannten zahlreiche Bestattungsrituale. Die meisten Kulturen verwendeten erhöhte Plattformen, um darauf ihre Toten zu bestatten. Das sollte die Toten dem Himmel näher bringen und wilde Tiere abhalten. Es gab aber auch Erdbestattungen in Bodengräber oder in gestaltete, künstliche Erdhügel, den sogenannten Mounds, ebenso Verbrennungen, Urnenbestattungen sowie Bestattungen auf Bäumen oder Holzgerüsten und sogar Einbalsamierungen. Manchmal erfolgten Zweitbestattungen, wobei die Gebeine wieder aus der Erde geholt und in einem Beinhaus aufbewahrt wurden. Das wichtigste indianische Bestattungszentrum ist Ohio, wo man 10.000 der Erdhügel und mehr als 1.500 Ringwälle fand. Sie werden der Adena-Kultur (ca 800 v. Chr. - 100 n.Chr.) zugeordnet.

Im Mittelalter war der Tod für die Menschen viel öffentlicher und mit weniger Tabus behaftet. Er gehörte gewissermaßen zur Alltäglichkeit. Friedhöfe mit Beinhäusern und Gräbern wurden in zentraler Lage von Städten, Märkten und Dörfern rund um die Kirchen angelegt. Zugleich sollten diese Stätten Aufmerksamkeit erregen und Mahnmale darstellen. Das ganze Leben dieser unsicheren Zeiten wurde damals vom Tod geprägt und beeinflusst. Daher kam es auch zu einer starken Einbeziehung der Menschen in das Sterben anderer. Mit der Sterbebegleitung und der Betreuung der Angehörigen war eine wichtige soziale Geborgenheit verbunden.

Verschiedene Heilige wurden im Mittelalter als anschauliche Leitbilder für die Zeremonie des Todes herangezogen. Der vom Hochmittelalter bis zum 18. Jahrhundert am häufigsten dargestellte Tod ist jener der Heiligen Jungfrau Maria. Gemäß der alten Beisetzungsterminologie der Urkirche gab man ihm den Namen des Schlafes, der dormitio. Diese Todesdarstellung blieb über Jahrhunderte das Urbild des heilsamen Todes. Eine Ablöse erfolgte erst im 17. Jahrhundert mit dem weniger geheimnisvollen und einsameren Tod des Heiligen Joseph.

Damals gab es auch zahlreiche symbolische und rituelle Handlungen. Zur Wertschätzung des Verstorbenen wurden diese Rituale öffentlich vollzogen. Wichtige Hinweise von der Inszenierung des Sterbens dieser Epoche können den reichhaltig illustrierten Messbüchern von Anfang des 11. Jahrhunderts entnommen werden. Wenn ein Mensch verstarb, hatten die Angehörigen die

Aufgabe, ihm unverzüglich die Augen und den Mund zu schließen. Man war der Meinung, dass die Seele durch den Mund entweicht. Sie sollte allerdings nicht mehr in den verstorbenen Körper zurückkehren können, da der Tote ansonsten zu einem „Wiedergänger“ würde.

Der Tote wurde auf ein mit Asche bestreutes Büßertuch gelegt und auf Stroh gebettet. Vermutlich handelte es sich dabei um einen Akt, der Dämonen abwehren sollte. Zugleich war es üblich, die Fenster im Zimmer zu öffnen, damit die Seele in den Himmel entweichen konnte. Danach erfolgte die Waschzeremonie des Toten und das Einhüllen in ein Leichentuch. Dann wurde er auf eine Bahre gelegt und am nächsten Tag in Begleitung eines Geistlichen zur Aufbahrung in die Kirche gebracht. Dort stellte man ihm ein Kruzifix zur Seite und Weihwasser zu den Füßen. Angehörige und Bekannte konnten nun Abschied nehmen und ihre Gebete sprechen. Da der Tote noch immer zur Familie gehörte, erfolgte eine von Freunden oder Bekannten gehaltene Totenwache.

Im Vergleich zum Altertum hatten Särge im Mittelalter nur wenig Bedeutung, da sie eher die Ausnahme bildeten und den Wohlhabenden vorbehalten blieben. Daher erfolgte die Beerdigung meistens ohne Sarg. In Tücher gewickelt wurde der Leichnam im Grab beigesetzt. Nur der Klerus und Adel genossen das Privileg der Kirchenbestattung. Dazu wurden teilweise antike Särge wiederverwendet.

Für die einfache Bevölkerung gab es sogenannte Konduktsärge, die lediglich zur Überführung des Leichnams vom Sterbe- oder Aufbahrungsort zum Grab dienten und weiterverwendet wurden. Mit einer solchen „gemeindeeigenen Mehrfachtruhe“ sollte der Holzverschwendung bei Bestattungen entgegengewirkt werden. Der eigene Sarg für jeden Verstorbenen stellt erst eine Errungenschaft des ausgehenden 19. Jahrhunderts dar und kam vor allem aus hygienischen Gründen zur Anwendung. Selbst Wolfgang Amadeus Mozart wurde 1791 nach seinem Tod nur in ein allgemeines, sehr einfaches Grab ohne Namensbezeichnung am St. Marxer Friedhof in Wien gebettet.

Ein besonders interessantes Beispiel alpenländischer Trauerkultur ist im oberösterreichischen Hallstatt zu sehen. Und zwar über 1000 gebleichte und kunstvoll bemalte Schädel im Beinhaus Karner. Einige Jahre nach dem Begräbnis wurden Gebeine und Schädel naher Verwandter wieder ausgegraben und zum Gedenken und der Verehrung der Toten mit persönlichem Bezug bemalt und im Beinhaus nahe der Kirche aufbewahrt (siehe Abb. Seite 111).

Beinhäuser sind Aufbewahrungsstätten für Schädel und Gebeine und befinden sich meistens bei Friedhofskapellen. Der Brauch, die Schädel der Verstorbenen an solchen Orten aufzubewahren, ist sehr alt und wird durch archäologische Funde belegt. Aus dem zwölften Jahrhundert bis zur romanischen Zeit gibt es viele eindrucksvolle Beispiele dafür. Warum es zu diesem Brauch kam, hat wohl mehrere Gründe, wobei der augenscheinlichste das Platzproblem auf den Friedhöfen war.

Ausgesprochen sehenswert ist auch die Kapuzinergruft (Kaisergruft) als Begräbnisstätte der Habsburger und Habsburg-Lothringer in Wien. Sie befindet sich im Stadtzentrum, am Neuen Markt, unter der Kapuzinerkirche und wird von den Kapuziner-Ordensbrüdern betreut. Diese künstlerisch bemerkenswerte und öffentlich zugängliche Gruft ist das Grabmal von zwölf Kaisern, neunzehn Kaiserinnen und zahlreichen weiteren Mitgliedern der angeführten Familien. Eine besonders markante Darstellung ist der mit der Reichskrone bekrönte Schädel auf dem Sarkopharg von Kaiser Karl VI. Im Juli 2011 wurde Otto von Habsburg als letzter österreichischer Thronfolger in der Kaisergruft bestattet. An der Eingangstüre erfolgte damit zum letzten Mal der traditionelle Anklopfritus, der mit den Worten: "Wer ist da?" beginnt.

Aber auch der Wiener Stephansdom ist eine historische Grabstätte. In seinem rechten Seitenschiff befindet sich das monumentale Grabmal Kaiser Friedrich III. Mit über 240 Statuen ist dieses Grabmonument ein überaus imponierendes Prunkgrab. In den Katakomben des Doms befindet sich die alte Fürstengruft der Habsburger. Darin wurden einige Habsburger Herzöge sowie früh verstorbene Kinder von Kaiser Maximilian II. bestattet.

Inzwischen repräsentiert die westlich-neuzeitliche Entwicklung im Umgang mit Toten eine völlige andere Art von Glauben, Liebe und Hoffnung. Hirntote zum Beispiel finden zunehmend als potenzielle Spender menschlicher Organe Verwendung. Ebenso nimmt die Zahl sogenannter „anonymer Beisetzungen“ drastisch zu. Dabei wird der Tote verbrannt und die Urne an unbekannter Stelle vergraben. Manche empfinden eine solche Vorgangsweise wie die Entsorgung von Abfall. Trotz oftmals noch vorhandener Angehöriger wird diese Art der Beisetzung bereits zu Lebzeiten des Betroffenen festgelegt, um später niemanden zur Last zu fallen und die Begräbniskosten zu minimieren. Damit ist auch die Sorge der Grabpflege bereits im Vorhinein erledigt. Näher betrachtet kann man bei der aktuellen Sterbe- und Beisetzungskultur einen Spiegel unserer heutigen Wegwerfgesellschaft erkennen.

Für die Materialisten unserer Zeit ist der Tod jedoch völlig sinnlos, weshalb ihre ganze Konzentration dem Streben nach materiellem Besitz und Wohlstand und somit diesem einen sichtbaren Leben gilt. Sie wollen es bis zum letzten Tropfen ohne Gewissensbisse auskosten, und dabei muss alles schnell und intensiv geschehen. Genuss und Erlebniswerte stehen hier eindeutig über möglichen geistigen Zielen.

Gläubige Christen hingegen sehen einen Sinn im Tod und der Auferstehung Jesu Christi. Sein gewaltsamer und ungerechter Tod war der Übergang in ein neues Leben. Durch dieses große Opfer wurde der Tod auch für die Gläubigen zum Geschenk eines solchen Überganges. Eine gewisse Angst vor dem Dunkel und der Unsicherheit des letzten Lebensabschnittes bleibt aber auch bei ihnen zurück. Für gewöhnlich erhält der Verstorbene eine Totenwache und sein Leib wird in einer gottesdienstlichen Feier unter Fürbitten und Gebeten bestattet. Wer daran glaubt, dass Jesus Christus gestorben und auferstanden ist, glaubt auch, dass die Verschiedenen durch Jesus zu Gott heimkehren werden.

Im Judentum beginnt die Bestattung mit einer Trauerfeier auf dem Friedhof. Nach jüdischem Glauben sind nach dem Tod alle Menschen gleich. Deshalb erhält der Verstorbene einen einfachen Holzsarg und weiße Kleidung. Auf Blumen und sonstigen Prunk wird verzichtet. Nahe Angehörige reißen sich ein Stück ihres Kragens ein, um ihre Trauer zu zeigen. Erst nach der Trauerzeit wird diese Stelle wieder vernäht. Bei der Beisetzung wirft jeder Angehörige drei Hände voll Erde in das Grab. Der Rabbiner spricht als Lehrmeister der jüdischen Religion aus dem ersten Buch Mose: „Von Staub bist du und zum Staub wirst du zurückkehren.“ Zum Abschluss wird das Kaddisch-Gebet von zehn jüdischen Männern gesprochen, und vor dem Verlassen des Friedhofes müssen sich alle Trauergäste die Hände waschen.

Genaue Regeln für die Sterbebegleitung gibt es auch im Islam. Ein fest geschriebener Ablauf dient für die Gebete, die rituelle Waschung des Leichnams und die Beerdigung. Bereits der Sterbende soll auf ruhige, respektvolle Weise an das Glaubensbekenntnis der Muslime erinnert werden: „Es gibt keine Gottheit außer Allah, und Mohammed ist sein Prophet.“ Der gewaschene Leichnam wird in Leinentücher gewickelt und in diesen Tüchern ohne Sarg in das Grab gelegt. Und zwar auf der rechten Seite oder auf dem Rücken liegend mit der Blickrichtung nach Mekka. Die Bestattung soll möglichst noch am Sterbetag erfolgen, da die Achtung gegenüber dem Toten vor allen anderen momentanen Aufgaben steht. Grabschmuck und Grabpflege haben zu unterbleiben und jede Form des Personenkults ist verboten. Die Erdbestattung ist für gläubige Muslime die einzige mögliche Bestattungsform. Feuerbestattungen sind im Islam nicht zugelassen.

Im Buddhismus ist es Tradition, den Verstorbenen noch drei Tage zurückzubehalten. Dabei sollte er nicht berührt werden, da dem Glauben nach der Sterbevorgang noch nicht vollendet ist. An der anschließenden Trauerfeier nehmen Mönche und die Angehörigen teil. Dabei werden religiöse Texte zitiert, es wird gesungen und meditiert. Auch diese Religion stützt sich auf den Glauben der Wiedergeburt. Dazu werden Almosen der Angehörigen gesammelt. Meistens findet eine Verbrennungszeremonie statt und die Asche wird in einem Kupfergefäß beigesetzt. In Indien setzt man die Asche traditionell in Flüssen, meistens im Ganges, bei. Es gibt aber auch für uns seltsam anmutende Himmelsbestattungen, bei denen der Leichnam zerteilt wird, damit Geier den Körper und die Seele in den Himmel tragen, wo sie entweichen kann.

Eine relativ neue und durchaus ansprechende Begräbnisform in unseren Breiten sind die Naturbestattungen im Wald (des Friedens). Dabei handelt es sich um keine üblichen Friedhöfe oder Waldfriedhöfe, sondern vielmehr um Orte der letzten Ruhe in naturbelassenen Mischwäldern - ganz ohne symmetrische Kieswege, Gruften und Marmorgrabsteine. Diese Orte sind von außen nicht sofort als Begräbnisstätte erkennbar. Die betreuten Beerdigungen erfolgen im Familienkreis als Urnenbestattungen unter ausgewählten, langlebigen und dezent gekennzeichneten großen Bäumen, die meistens schon zu Lebzeiten ausgewählt wurden. Hierbei handelt es sich für naturverbundene Menschen um eine neue, würdige Alternative zu den herkömmlichen Bestattungsformen.

Unsere heutige Zeit setzt aber auch Bestattungen betreffend völlig neue und ungewöhnliche Akzente. In diesem Sinne bietet Herwig Bichler, Geschäftsführer der Bestattungsanstalt „Unschwarz“ in Bludenz/Vorarlberg, Online-Bestattungen an. „Pietätlos ist unsere Dienstleistung nicht“ meint er zu diesem Service. „Es wird ja nicht die Bestattung an sich online durchgeführt, lediglich die Kommunikation läuft über's Internet." Dazu erklärt der Anbieter weiter: „Das Angebot richtet sich an Menschen, die entweder weit weg wohnen, sich den Weg zum Bestatter sparen wollen oder aus irgendwelchen Gründen keinen Kontakt zu ihm wünschen."

Bichler hatte sich bereits im Rahmen einer Dissertationsstudie mit dem Bestattungswesen beschäftigt. Mit seinem unkonventionellen Ansatz will er auch „die Leute aufrütteln, damit sie sich bereits zu Lebzeiten Gedanken zum Thema Bestattung machen und nicht alles glauben, was sie hören und vorgesetzt bekommen." Diese Anspielung kann auch als Kritik an der Preispolitik der Regionalmonopolisten seiner Branche verstanden werden.

„Es gibt keine Hochzeit ohne Weinen und kein Begräbnis ohne Lachen" aus Italien

11 – Nahtod-Erfahrungen

Immer wieder berichten Menschen aus aller Welt von erstaunlichen Erlebnissen, die sie bei sogenannten Nahtod-Erfahrungen hatten. Das sind Visionen von Personen, die einige Minuten klinisch tot waren und dann wieder ins Leben zurückgeholt wurden. Interessant ist dabei vor allem, dass sich viele dieser Eindrücke bei den meisten Betroffenen gleichen. Dazu gehören Emotionen wie Frieden, Liebe und Glück, der Blick in einen dunklen Tunnel mit einer starken Lichtquelle am Ende, das Verlassen des eigenen Körpers, die Begegnung mit Toten oder anderen transzendenten Wesen sowie eine Rückschau auf das eigene Leben.

In der Schulmedizin beschäftigt sich die neurophysiologische Forschung sowie die Psychologie und Psychiatrie ernsthaft mit diesem hochinteressanten Thema. Zusätzlich gibt es natürlich auch am Bereich der spirituellen Deutung eine Menge esoterischer Interpretationen. Sind das nun kollektive Wahnvorstellungen als Wunsch des Menschen, mit dem gefürchteten bzw. verhassten Tod abzurechnen? Handelt es sich nur um die verrückten Träume einiger Phantasten? Findet bloß eine chemische Reaktion im Gehirn statt, oder gibt es etwa doch etwas nach dem Leben? Und wie können diese Menschen darüber berichten, was sich zum Zeitpunkt ihres Todes am Krankenbett oder Unfallort ereignet hat?

Die größte Frage der Menschheit (noch vor jener nach außerirdischem Leben) dürfte es wohl sein, ob der Tod das große Nichts und somit die ewige Stille ist oder ob es tatsächlich ein „Danach“ gibt. Dieses Thema löst bei den meisten intensive Gefühlsreaktionen aus, die von Angst und Abwehr bis zu hartnäckiger Verleugnung reichen. Schließlich ist das auch kein Wunder, denn die Ungewissheit, für immer ausgelöscht zu sein oder auf irgendeine Weise weiterzuleben, bewegt nun einmal fast jeden Menschen.

Nahtod-Erfahrungen beziehen sich im Allgemeinen auf die Erlebnisse von bewusstlosen sowie klinisch toten Personen. Es können aber auch Visionen von im Sterben liegenden Patienten (Totenbettvisionen) oder Eindrücke von Menschen sein, die lebensbedrohliche Situationen unbeschadet überstanden haben. Dann gibt es auch jene Beobachtungen, die eindeutige Elemente von Nahtod-Erlebnissen enthalten, ohne dass unmittelbare Lebensgefahr bestand. Das gleichförmige Muster zieht sich wie ein roter Faden durch all diese Wahrnehmungen. Repräsentativen Umfragen nach scheint in den westlichen Industrieländern die Häufigkeit von Nahtod-Erlebnissen unabhängig von Bildungsgrad, Familienstand, Beruf, gesellschaftlicher Position und religiösem Hintergrund zu erfolgen. Einerseits nimmt sie mit dem Alter ab, und andererseits haben Frauen oft tiefere Erlebnisse dieser Art als Männer.

Es wurde aber auch erhoben, dass Personen mit Nahtod-Erlebnissen generell ein lebhafteres Vorstellungsvermögen als Durchschnittsbürger haben und auch eher an paranormale Phänomene glauben. Bei manchen Betroffenen war das Nahtod-Erlebnis erst nach zwei bis drei Jahren abrufbar, da zuvor Störungen des Kurzzeitgedächtnisses auftraten. Viele Nahtod-Erlebnisse erfolgten in einer körperlich lebensbedrohenden Phase und einem bewusstseinslosen Zustand. Bei Patienten, die im Sterben liegen, treten manchmal Totenbettvisionen auf, bevor sie das Bewusstsein verlieren. Dabei kommt es achtmal so oft zu Visionen von Verstorbenen oder religiösen Gestalten als zu Jenseitsvisionen.

Menschen begegnen bei Nahtod-Erlebnissen manchmal Gestalten bzw. Lichtwesen, die versuchen, sie in ihr irdisches Leben zurückzuschicken, da offensichtlich ihre Zeit noch nicht gekommen ist. Bei Totenbettvisionen erscheinen diese Wesen auch, aber meistens, um den Sterbenden in eine andere Welt zu geleiten. Diese Ankündigungen des Todes haben sich auch schon oft gegenüber ärztlichen Prognosen bewahrheitet.

Als Fear-Death-Experiences (Todesangsterfahrungen) werden Erlebnisse bezeichnet, die mit lebensgefährlichen Situationen verbunden sind, ohne dass der Betroffene dabei jedoch verletzt wird. Obwohl die Menschen in jenen Momenten damit rechneten zu sterben, gaben sie (der Bezeichnung zum Trotz) an, keinerlei Angst, Schmerz oder Pein gefühlt zu haben. Durch die ausgelöste Lebensgefahr scheinen sich in diesen Situationen Zeit und Raum zu verändern. Dabei erhöht sich die eigene Reaktionsgeschwindigkeit so drastisch, dass subjektiv alles wie in Zeitlupe oder einem Schwebezustand empfunden wird, wenn das Leben nochmals in bunten Bildern vor dem geistigen Auge abläuft.

Dazu kommen auch außerkörperliche Erfahrungen, bei denen die Betroffenen das Gefühl haben, über ihrem Körper zu schweben und aus der Distanz die Wiederbelebungsversuche an der eigenen Person zu beobachten. So auch der Buchautor George G. Ritchie ("Return from Tomorrow"), der 1943 verstarb und auf wundersame Weise ins Leben zurückkehrte. Er konnte hoch über dem Boden dahinfliegen, bis ihm klar wurde, dass dieses Erlebnis etwas mit dem Tod zu tun hatte und er selbst der Hauptdarsteller war. Vor dieser

Erkenntnis hatte er sich sehr gewundert, dass Leute durch ihn hindurchgingen, ohne ihn zu sehen und dass er fliegen konnte.

Ein Großteil der Nahtod-Zeugen berichtet auch von einem Übergang bzw. Durchgang in Form eines dunklen Tunnels, an dessen Ende ein helles, nicht blendendes Licht mit roten und goldenen Strahlen schien. Auch vom Durchtauchen eines (Brunnen-)Schachtes mit einer sattgrünen Wiese an dessen Ende ist gelegentlich die Rede. Oft sind Blumen, Blüten und Farben von atemberaubender Vielfalt und Pracht zu sehen, verbunden mit majestätischen, sphärischen Klängen und einem unbeschreiblichen, ja, überwältigendem Glückseligkeitsgefühl. Auch wogende, leuchtend gelbe Kornfelder wurden in solchen Momenten schon wahrgenommen. Was die meisten Eindrücke jedoch gemeinsam haben, ist die prächtige Ausstrahlung und die verlockende Sehnsucht des Betroffenen, an jenem einladenden Ort verweilen zu dürfen.

Es gibt aber auch Fälle, wo bei Menschen Nahtod-Erfahrungen, zumindest Elemente oder Sequenzen davon, ohne lebensgefährliche Situationen auftreten. Das kann vor allem in extremen Ruhe- und Entspannungsphasen, bei Meditation oder in Träumen geschehen, aber auch bei starker Übermüdung oder unter Drogeneinwirkung.

Nur selten tauchen bei diesen Erfahrungen lebende Menschen auf. Wenn das gelegentlich doch der Fall ist, dann nur, um den Sterbenden ins Leben zurückzuholen. Eher werden Lebende bei Halluzinationen von Todkranken gesehen. Bei Totenbettvisionen treten häufiger Verstorbene in Erscheinung. In vielen Nahtod-Erfahrungen gibt es auch Begegnungen mit höheren Lichtwesen. Eine Kommunikation erfolgt aber nur selten mit ihnen.

Die Rückholung durch erfolgreiche Wiederbelebungsmaßnahmen lassen die Betroffenen oft in eine schwarze Tiefe hinabfallen. Mit einem Schock schlüpfen sie dann wieder in ihren kranken oder verletzten Körper zurück, während alle schönen Eindrücke schlagartig verschwinden. Oft sind diese Gefühle mit einer Ohnmacht und Schmerz verbunden und nicht selten auch mit Traurigkeit, Zorn und Aggressivität. Menschen, die ein Nahtoderlebnis hatten, glauben danach wesentlich stärker an ein Leben nach dem Tod. Viele von ihnen sind von der Existenz Gottes überzeugt und messen künftig religiösen und ethischen Werten in ihrem Leben große Bedeutung zu. Das kann mit einem erhöhten Verantwortungsbewusstsein bis zum Engagement für sozial-karitative Tätigkeiten verbunden sein. Es wurden auch schon psychische Krankheiten geheilt und Verbrecher erfuhren einen regelrechten Sinneswandel.

Forscher, die sich mit Nahtod-Erfahrungen beschäftigen, kamen zu dem Schluss, dass selbst schwerste Verletzungen des physischen Körpers keinerlei nachteilige Auswirkungen für den spirituellen Leib der Betroffenen hatten. Sie können in der jeweiligen Situation aus einiger Entfernung ihren z.B. durch einen Unfall leblosen Körper sehen, empfinden aber dabei den Körper des nicht-physischen Zustands als unversehrt.

Dazu sagt der Klinische Psychologe und Psychotherapeut Dr. Engelbert Winkler: „Das Wesen der Nahtoderfahrung ist wie das Wiederfinden einer vergessenen Wahrheit. Niemand bleibt davon unberührt. Ich habe festgestellt, dass die Persönlichkeit der Betroffenen oft eine völlige Neuorientierung erfährt. Sie haben eine größere Achtung vor allem Lebendigen, sind toleranter, und ihre Werte verschieben sich oft in dramatischer Weise. Mitunter werden belastende Beziehungen abgebrochen und unbefriedigende Berufe aufgegeben. Das Leben ist nicht mehr eine Aufeinanderfolge an Zufällen, sondern hat einen tiefen Sinn. So stellen nach einer Nahtoderfahrung auch Notsituationen Aufgaben dar, die es zu bewältigen gilt."

„Ich habe jetzt keine Angst mehr vor dem Sterben. Ich weiß, dass ich hier Aufgaben zu erfüllen habe. Aber wenn es so weit ist, weiß ich, wohin ich komme. Ich bin ja schon dort gewesen" sagte eine junge Frau nach einem schweren Unfall. Daher hat Dr. Winkler folgendes Hauptanliegen: „Ich möchte, dass Nahtodphänomene die Bedeutung erhalten, die sie verdienen. Genau genommen sind diese Erlebnisse die einzigen uns zugänglichen zentralen religiösen Erfahrungen. Sie sind die Verbindung zwischen uns und einer anderen Welt. Menschen, die das erlebt haben, sollten viel intensiver interviewt werden. Für die Wissenschaft bleiben noch viele offene Fragen."

Auf der anderen Seite gibt es natürlich auch zahlreiche Skeptiker, die diese Phänomene als Erlebnisse in Todesnähe sehr in Frage stellen und natürliche Erklärungen dafür suchen. Eine gängige Theorie dazu ist, dass biochemische Vorgänge im Gehirn die alleinige Ursache für jene Art von Sinneseindrücken sind. Auch die Gelehrten Feuerbach, Marx und Freud versuchten einst den Jenseitsglauben als infantile Selbsttäuschung zu entlarven ("Was ich mir wünsche, muss es auch geben"). Eine korrigierende Einsicht dazu erfolgte um 1900 vom Philosophen Eduard Hartmann: „Der Wunsch ist zwar kein Beweis für die Existenz des Gewünschten, aber genau so wenig ein Beweis für dessen Nichtexistenz. Der Wunsch muss nicht, aber er kann durchaus einer Wirklichkeit entsprechen. Dem Durst entspricht Wasser, dem Hunger Nahrung. Und der Sehnsucht nach ewigem Leben, entspricht ihr nichts?“

Dazu gibt es auch eine Stellungnahme von Univ. Prof. Dr. Christian Müller, stellvertretender Leiter der Abteilung für neurologische Rehabilitation im AKH Wien: „Als Neurologe ist es meine Pflicht, den Versuch zu machen, diese Phänomene wissenschaftlich zu erklären. Genau dort im Gehirn, wo sich Gedächtniszellen befinden, sind die Zellen besonders anfällig für Sauerstoffmangel, was zu Reizerscheinungen mit Erinnerungsphänomenen führen kann. Das Tunnelphänomen könnte mit der Anatomie der Sehbahnen erklärt werden. Ich glaube aber, dass wir mit unseren jetzigen Möglichkeiten, nicht eindeutig beweisen können, ob es sich bei Nahtoderlebnissen um Sterbeerfahrungen handelt oder um chemisch-physikalische Vorgänge. Auf jeden Fall haben die Erlebnisse eine gefühlsmäßige Wirkung auf die jeweiligen Menschen und als solche sollten wir sie respektieren. Wenn es eine Seele gibt, die sich beim Sterben vom Körper löst, dann entzieht sie sich der Forschung mit neurowissenschaftlichen Methoden.“

Univ. Prof. Dr. Hans Georg Zapotoczky, Vorstand der Universitätsklinik Graz: „Nahtoderlebnisse sind Träume der Betroffenen und für mich keineswegs eine Vorstufe des Todes. Wir wissen heute, dass auch Bewusstlose wahrnehmen. Grundsätzlich bin ich metaphysischen Dingen gegenüber aufgeschlossen, aber ich weiß, dass nach dem Tode nichts kommt. Auf jeden Fall ist eine solche Erfahrung der Bewältigungsversuch einer Schocksituation im Leben des Betroffenen und sollte als solcher ernst genommen werden.“

Univ. Prof. Dr. Wolfgang Scharf, Primarius der Unfallabteilung im Hanuschkrankenhaus Wien: „Als Unfallchirurg war ich schon einige Male mit Menschen konfrontiert, die nach Wiederbelebungen von solchen Erfahrungen erzählten. Ich bin der Überzeugung, dass es sich bei solchen Berichten um Sterbeerlebnisse handelt, also um Geschehnisse beim Übertritt in eine andere Daseinsform. Ich glaube nicht, dass die Menschen das nur träumen. Wir haben halt heute noch nicht die Möglichkeit, diese Dinge zu erforschen. Nehmen Sie nur die Telepathie. Jeder weiß, dass sie existiert, aber noch weiß niemand genau wie. Vielleicht kommt der Tag, an dem Nahtoderfahrungen ein normaler Bestandteil unseres Wissensstandes sind.

Obwohl mit Sicherheit niemand ganz genau weiß, was tot sein wirklich bedeutet, gibt es Menschen, die dem Ende des irdischen Lebens schon ein großes Stück näher waren als wir. Die Schweizer Ärztin Elisabeth Kübler-Ross ist eine weltbekannte Pionierin in der Erforschung von Nahtod-Erfahrungen. Einerseits führte sie einen Kampf gegen die Schulmedizin und erntete für ihren spirituellen Zugang vielfach Spott und Hohn. Andererseits erhielt sie 28 zusätzliche Ehrendoktorate für ihre Forschungstätigkeit zu diesem Thema und ist damit die akademisch wohl am meisten ausgezeichnete Frau der Welt. Im Alter von 78 Jahren verstarb sie in ihrem Haus in Scottsale im US-Bundesstaat Arizona. Anhand ihrer Konfrontation mit dem engen Weltbild der Schulmedizin sowie durch ihre unzähligen Kontakte zu Menschen mit Nahtod-Erfahrungen durchbrach die Wissenschaftlerin zahlreiche Grenzen. Ihre Leistungen um die Enttabuisierung des Sterbens sind unumstritten - besonders ihre Studien über den phasenweisen Abschied vom Leben.

Laut Kübler-Ross verläuft der Sterbeprozess nicht linear, sondern in mehreren Schritten, in denen die Menschen unterschiedliche Phasen durchlaufen. Ihre etwa zwanzig Bücher, die in millionenfacher Auflage in zwanzig Sprachen gedruckt wurden, geben nähere Auskunft darüber. Infolge ihrer Initiative kam es in den USA zur Einrichtung der ersten „Hospices“, in denen Sterbenskranke bis zu ihrem Tod gepflegt werden. Kübler-Ross spendete mit ihrer Arbeit auch spirituellen Trost, an den sie bis zu ihrem eigenen Ende selbst glaubte: „Den Tod gibt es eigentlich nicht.“

Auch der Arzt und Parapsychologe Dr. Raymond Moody erlangte Weltruhm in der Erforschung von Nahtod-Erfahrungen. Ein jahrzehntelanger Bestseller ist sein Buch „Leben nach dem Tod.“ Darin charakterisiert er fünfzehn Einzelelemente, die das Todesnähe-Erlebnis beschreiben. Kübler-Ross und Moody haben, neben vielen anderen Forschern, über 30 Jahre lang die Ergebnisse Hunderter Menschen ausgewertet, die offiziell für tot erklärt und später wiederbelebt wurden.

Auch wenn es Betroffenen oft sehr schwer fällt, ihre Erlebnisse in Worte zu fassen, stimmen in nahezu allen Berichten die außerkörperlichen Beobachtungen der Patienten exakt mit den ärztlichen Berichten überein: „Ich befand mich über der Unfallstelle und sah auf meinen schwer verletzten, regungslosen Körper hinunter, der so aufgefunden wurde, wie ich es dann später auch von den Ärzten und aus dem Polizeibericht erfuhr.“ Ja, sogar Blinde, die eine solche Erfahrung durchmachten, konnten danach das Umfeld bzw. die Instrumente der Ärzte nachweislich genau beschreiben. Ein Beispiel stammt von einer Frau aus Long Island/USA. Sie konnte sogar die richtige Farbe vom Anzug des Arztes angeben, der die Reanimation durchführte.

In bis zu etwa 30 Prozent der Nahtod-Erfahrungen taucht im Jenseits eine Grenze oder Mauer wie eine Demarkationslinie auf, die der Betroffene nicht überschreiten darf, wenn er in sein jetziges Leben wieder zurückkehren möchte oder soll. Viele sträuben sich gegen eine Rückkehr, doch etwa die Hälfte der Betroffenen entschied sich dafür. Oft werden an dieser Stelle auch andere Personen oder Wesen gesehen und manchmal sagen sie dem scheinbar Toten, dass er sein Leben noch zu Ende leben muss, oder sie geleiten ihn zurück.

Der bemerkenswerteste Teil dieser Art an Erfahrungen sind für die meisten Menschen jene überwältigenden Gefühle völliger Schmerzfreiheit und ein unbeschreiblicher Frieden, verbunden mit Freude und Glück als eine Transzendenz von Zeit und Raum. Offensichtlich handelt es sich bei diesen Wahrnehmungen um das zentrale Element der Nahtod-Erfahrung. Manche Betroffenen berichteten sogar, dass sie während ihrer Erfahrung Zugang zu umfassendem Wissen erlangten. Einige glaubten, die Zukunft sehen zu können, andere erhielten bislang unbekannte Informationen über ihr Leben. Viele erkannten, dass es einen übergeordneten Plan gab und alles aus gutem Grund geschieht. Da ihnen dieser Plan jetzt bewusst war, erübrigte sich für sie jede weitere Frage. Zugleich schien es, als ob plötzlich alte Erinnerungen wach geworden waren.

Als interessanten Gegensatz beschreibt Dr. Moody in seinem Buch auch suizidbedingte Nahtod-Erfahrungen. In vielen Fällen hatten die analysierten Selbstmordkandidaten von höllenähnlichen Erfahrungen bis hin zu Bestrafungen für ihren „Regelverstoß“ berichtet. Diese Ausführungen wiesen eine unverkennbare Analogie zu den uralten theologischen und sittlichen Gründen gegen den Freitod auf. Im Gegensatz zu unzusammenhängenden, Sinn entbehrenden und oft lebenslang belastenden psychischen Erlebnissen schizophrener Menschen, sind Nahtod-Erfahrungen immer schlüssige Erlebnisse mit einem Anfang und einem Ende. Und nicht unwesentlich ist, dass sie sich auf das Leben der betroffenen Personen positiv auswirken.

Neben Elisabeth Kübler-Ross und Raymond Moody gibt es auch noch eine Reihe weiterer Wissenschaftler, die sich intensiv mit Nahtod-Erlebnissen beschäftigen. So zum Beispiel Kenneth Ring als Psychologieprofessor an der Universität Connecticut/USA. Er ist Gründer der „International Association for Near-Death-Studies (IANDS).“ 1999 führte er seine Studie über Nahtod-Erfahrungen von Blinden sowie eine Befragung und statistische Untersuchung von über hundert anderen Nahtod-Erfahrungen durch. Seine Meinung zum Tod: „Ich glaube, es gibt nur das Leben. Wenn der physische Körper ausgedient hat, löst sich die Seele von ihm und lebt weiter. Todesnähe-Erlebnisse haben mir ein gutes Bild davon vermittelt, wie diese Trennung von Körper und Geist vor sich gehen wird.“

Hilfe, Information und Unterstützung zu diesem faszinierenden Thema wird unter anderem auch von der Wiener Klinischen Psychologin, Mag. Sabine Standenat (z.B. in Seminarform), angeboten: www.standenat.at

12 – Das Jenseits – Vorstellung oder Realität?

Für das Jenseits gibt es viele verschiedene Bezeichnungen und Beschreibungen. Grundsätzlich aber wird ihm das Reich der Toten oder des Himmels als zeitlicher Raum jenseits unseres irdischen Lebens zugeordnet. Bereits die menschliche Bestattungskultur offenbart auf vielfältige Weise ihre Vorstellungen vom Jenseits. Die ältesten Grabfunde brachten Waffen, Speis, Trank, Schmuck und sogar Möbel als Beigaben zum Vorschein. Damit war offensichtlich, dass das irdische Leben nur als Teil eines größeren Ganzen betrachtet wurde. Und zahlreiche Monumentalfunde belegen eindrucksvoll, dass die größere Bedeutung im Jenseits lag.

Mit dem Glauben an das Jenseits ist im Christentum die Auferstehung von den Toten und die Gemeinschaft mit Jesus Christus verbunden. Die Seele wandert aus dem irdischen, dem Verfall preisgegebenen Leib in einen himmlischen, beständigen Körper. Der Glaube spricht auch vom „Jüngsten Gericht", das über Himmel und Hölle entscheidet. Vermittler in Gestalt von Engeln und Dämonen stellen dabei den Kontakt zum Jenseits her. Zugleich ist auch immer wieder vom Fegefeuer die Rede. Im Katechismus wird die offizielle Lehre der katholischen Kirche über das Jenseits beschrieben.

Die traditionelle christliche Frömmigkeit des Volkes beinhaltet verschiedene bildhafte Vorstellungen vom Jenseits, also jenem Ort, an dem die Seele nach dem körperlichen Tod eintrifft. Dabei handelt es sich aber nur um einen von drei Bereichen, in die der Mensch gelangen kann. Insgesamt gibt es dieser Anschauung nach das Diesseits, das Jenseits und das Himmelreich. Erst die geläuterten Seelen erhalten die Möglichkeit, vom Jenseits in das Himmelreich geleitet zu werden. Wer diese Stufe noch nicht erreicht hat, bleibt solange im Jenseits, bis er die erforderliche Reife für das Himmelreich erlangt. Diese Volksinterpretation ist jedoch nicht ganz Bibel-konform, da dort das Jenseits bereits dem Himmel entspricht. Gott kann allerdings nur der erblicken, der bereits im irdischen Leben an ihn geglaubt hat. Nach dieser Glaubenshaltung besteht das Himmelreich aus einer hierarchischen Struktur mit unterschiedlichen Glücklichkeitsstufen Die Rückschau auf das eigene Leben und die damit verbundene Reue sind für die erreichte Stufe ausschlaggebend.

Es heißt, das eigene Leben steht dem Betreffenden in dieser Sphäre zum nachträglichen Betrachten wie ein Film zur Verfügung. Auf diese Weise kann er sich Teile davon immer wieder ansehen und daraus die erforderlichen Erkenntnisse gewinnen. Wer in seinem irdischen Dasein eine Menge Schuld auf sich geladen hat, wird dazu mehr Anlass haben, als jemand, der ein ethisches Leben führte. Nach dem Durchschreiten des oft zitierten Tunnels wird man von seinen bereits verstorbenen Verwandten, Freunden und Bekannten begrüßt. Das umgebende helle, nicht blendende Licht ist ein Zeichen von Gott. Die Menschen sehen wie im irdischen Leben aus, wirken aber gewissermaßen schöner und jünger. Alle Gebrechen und körperlichen oder geistigen Leiden sind verschwunden. Dieser Ort ist gänzlich anders als die Erde. Dennoch können die Verstorbenen auf die Erde sehen und in gewissen Fällen auch in das diesseitige Leben eingreifen.

Manchen Vorstellungen nach wird das Jenseits in zehn Sphären eingeteilt. Je nach Reifegrad seiner Seele wird ein Verstorbener von Engeln in die für ihn passende Stufe zugeteilt. Dort wartet die Seele dann darauf, in einem neuen für sie passenden Körper wiedergeboren zu werden. Nur wer zu Lebzeiten bereits die erforderliche Reife erlangte, darf gleich in das Himmelreich eingehen und ist somit gerettet. Das ist der Lohn für alle, die bereits auf Erden erfolgreich an ihrem Charakter gearbeitet haben und nun ihre Seele mit Gott vereinigen können. Immer mehr Menschen christlichen Gedankengutes, aber auch der Buddhismus lehnen sich an diese Ansichten an. Schließlich heißt die wörtlich genommene Verheißung im Neuen Testament: „Wer Gott wirklich mit ganzem Herzen und ganzer Seele sucht, der findet ihn auch.“

Der Gedanke an das Jenseits ist auch sehr mit der Vorstellung vom Paradies verbunden. Als solches wird der „Garten Eden“ in der griechischen Übersetzung des Tanach bezeichnet. Davon ist im 1. Buch Mose (Genesis) in der Bibel die Rede. Der britische Ägyptologe David Rohl lokalisierte den Garten Eden im Grenzgebiet zwischen der Türkei und dem Iran (Eden-Hypothese nach Rohl). Dem hält der deutsche Professor für Altorientalische Philologie, Manfried L.G. Dietrich, seine These entgegen, der zufolge in der mesopotamischen Vorlage zur Genesis-Erzählung der Garten Eden vermutlich der Tempelgarten Eridu ist. Die vier im Gen 2,10-14 erwähnten Hauptflüsse mit Euphrat und Tigris würden seiner Version gemäß nicht im Garten Eden entspringen, sondern dort zusammenfließen. In Frage könnte aber auch der sumerisch-akkadische Stadtstaat Kisch in Mesopotamien kommen. Dazu gibt es ab etwa 2800 v. Chr. späte Überlieferungen - oder die hethitische Stadt Kuschar (Kussara), die allerdings weder gefunden, noch geographisch lokalisiert werden konnte.

Wie im 1. Buch Mose zu lesen ist, waren der Mensch (häb. adam), der aus dem Staub der Erde (hebr. adama) gebildet wurde und Chawa, seine Frau

(Eva) die einzigen menschlichen Bewohner Edens. Dazu steht in der Bibel: „Gott schafft die Pflanzen als Nahrung für den Menschen, die Tierwelt als sein Gefährte gegen die Einsamkeit." Und Paulus schrieb in Römer 5,12+18: „Durch einen einzigen Menschen kam die Sünde in die Welt ..." und „... durch die Übertretung eines Einzelnen kam es für alle Menschen zur Verurteilung." Daraus entwickelte sich die christliche Lehre der Erbsünde als Bestandteil aller großen christlichen Traditionen. Dazu gibt es auch zahlreiche philosophische und psychologische Deutungen im Sinne eines „Mythos vom Erwachen des menschlichen Bewusstseins." Auch in Goethes Faust heißt es: „Ihr werdet sein wie Gott und das Gute und Böse erkennen."

Eigentlich steht der altiranische Name „Paradies" für ein umgrenztes Gebiet als herrschaftlicher Park, Tier-, Lust- und Zaubergarten. In der griechischen Bibelübersetzung wurde er dann für den Garten Eden verwendet - dem paradiesischen Zustand, in dem es keine Feindschaft zwischen Mensch und Tier gibt, keine Dornen und Disteln und wo sich der Mensch ohne Mühe ernähren kann. Auch vom Zustand des Ewigen Lebens und dem Reich Gottes mit Frieden und Gerechtigkeit ist dabei die Rede. Und zwar nicht als eine Projektion menschlicher Wünsche, sondern als eine von Gott geplante Wirklichkeit. „Himmel" leitet die deutsche Sprache vom alten Wort „Heime", „Heimat" ab. Dabei spielt im Judentum die Paradiesvorstellung keine so große Rolle wie im Christentum und dem Islam.

Neben dem Paradies existiert auch die Vorstellung der jenseitigen Unterwelt als ein Ort oder Zustand der Qual und Aufenthaltsort der gefallenen Engel, sprich, dem Bösen, das zur jeweiligen Religion gehört. Der Begriff „Hölle" leitet sich vom Namen des Totenreiches der germanischen Mythologie (Hel) ab. Im christlichen Glauben wird die Hölle als eine mögliche Folge des sogenannten „Jüngsten Gerichtes" gesehen. Diese Strafe der Verdammnis ist der schreckliche Gegensatz zur höchsten Glückseligkeit des Paradieses oder des Himmels mit dem ewigen Leben. In einigen Weltreligionen dient die Hölle der Läuterung und hat irgendwann ein Ende.

Der christliche Glaube hingegen vertritt die Lehre einer „ewigen Hölle" als unveränderliche Strafe. Berühmte Bildnisse der Kunstgeschichte widmen sich diesem spektakulären Thema. Unter anderem jene von Hieronymus Bosch (1450-1516), Hans Memling (ca 1440-1497), Luca Signorelli (ca 1445-1523), Peter Paul Rubens (1577-1640), Sandro Botticelli (1445-1510). Aber auch Poeten wie Dante Alighieri mit seinem Hauptwerk „Die Göttliche

Komödie“, einer literarischen Auseinandersetzung mit Hölle, Fegefeuer und Paradies, beschäftigten sich damit.

Bei den alten Griechen kamen die schlechten und über die Götter uneingeweihten Menschen nach ihrem Tod in das Reich des Hades. Das war die kalte, dunkle und felsige Unterwelt, die man auch als das Reich der Schatten bezeichnete. Dort vegetieren die Toten ohne Bewusstsein vor sich hin. Ein von Zeus geschaffener, noch schlimmerer Strafort in der Tiefe der Erde war der Tartaros mit einem großen Feuerfluss und unendlich hohen Mauern. Aus diesem Schreckensreich gab es kein Entrinnen. Die Guten und Eingeweihten aber durften sich das Paradies als „Land der Götter“ erwarten, wie es auch Homer in seiner Odyssee beschreibt. Tapferen Kriegern, mythischen Helden und Günstlingen der Götter winkte dort ein ewiges Leben. Diese Umstände beeinflussten auch die Vorstellung der christlichen Kirchen von Himmel und Hölle.

In den germanischen Mythen war die Unterwelt ein kalter, eintöniger Ort, den die gefürchtete Todesgöttin Hel beherrschte. Der Ort selbst wurde auch Hel genannt. Er liegt im Gebiet Niflheim und wird vom Fluss Gjoll begrenzt. Diesen umspannt die mit Gold bedeckte Brücke Gjallarbrú. Von dort wird den an Krankheit oder Altersschwäche Verstorbenen der Weg gewiesen, um zur Unterwelt Hel zu gelangen. Das mächtige Gittertor Helgrind schirmt die Unterwelt vor dem Eindringen lebender Besucher ab. Sowohl der deutsche Begriff „Hölle“ als auch die englische Bezeichnung „Hell“ leiten sich vom germanischen Hel ab.

Verbreiteten Vorstellungen der Gegenwart nach befindet sich die nächste Welt innerhalb dieser Welt und ist über Zeit und Raum erhaben. Das heißt, diese Welt und die nächste Welt sind eine Welt. Dazu dient der Vergleich des Kindes im Mutterleib, das auch von dieser Welt ist, aber als Embryo unsere Welt nicht ermessen und begreifen kann. Bei dieser These wird von einem sterblichen Körper und einer unsterblichen Seele, die keine Verbindung von Elementen ist, ausgegangen. Allerdings befinden sich die Toten und die Lebenden auf verschiedenartigen Stufen, die von einander getrennt sind. Man sagt, dass wir es hier nicht länger aushalten würden, wüssten wir, wie die nächste Welt aussieht. Wir hätten den Wunsch, sofort in diese Sphäre überzuwechseln. Und wer ein Leben voller guter Taten verbrachte, muss sich vor diesem Übergang auch nicht fürchten.

Lohn und Strafe, Himmel und Hölle, Vergeltung und ausgleichende Gerechtigkeit für die im gegenwärtigen Leben begangenen Taten sollen sich im nächsten offenbaren. Niemand wird es erspart bleiben, nach seinem leiblichen Tod den Wert seiner Taten abzuschätzen und zu erkennen, was seine Taten und Gedanken bewirkten. Die Stufe, die wir nach dem Tod erreichen, wenn wir entsprechend gelebt haben, soll allerdings viel edler und schöner als unser jetziges Leben sein. Neben der Liebe zu Gott und einem beständigen Glauben sind dazu aber auch Werke der Nächstenliebe, Selbstlosigkeit und Abkehr vom Materiellen unserer derzeitigen Welt erforderlich.

Die nächste Welt ist eine geistige Welt, und die Geheimnisse des Lebens verhindern, dass wir erfahren, wie sie aussieht. Daher haben uns die Propheten auch nie genau gesagt, wie sie beschaffen ist. Doch unser Bewusstsein und unsere Persönlichkeit werden in jener für uns neuen, besseren Welt weiterleben - so wie auch unsere jetzige Welt besser ist als jene des Embryos. Das lässt sich mit dem Verlassen eines Raumes und dem Betreten eines anderen mit dem Ablegen seiner Kleider vergleichen. Das Bewusstsein und die Erinnerungen bleiben erhalten, obwohl man seine Kleider (sinnbildlich für den Körper) abgelegt hat. Auch wenn wir uns über die nächste Welt viele Gedanken machen, können wir sie mit unserem jetzigen Horizont nicht verstehen.

Daher lässt sich auch das Wesen der Seele nach dem Tod nicht in vollem Ausmaß beschreiben. Doch sagt man dem künftigen Leben nach, dass es größeren Segen als das Erdenleben mit all seinen Freuden für uns bereit hält, denn sein Reichtum liegt in der Nähe zu Gott. Geistiger Fortschritt und Erkenntnis sind nicht nur in unserer jetzigen, sondern auch in der jenseitigen Welt möglich. Doch die Wirklichkeit der Seele kann auf unserer Ebene nicht einmal der brillanteste Verstand begreifen. Sie wird so lange bestehen, wie das Reich Gottes besteht. Und das in einem Zustand, an dem weder der Lauf der Zeit, noch ein Wandel der Welt etwas ändern können.

Die Seele Gottes wird seine Eigenschaften offenbaren und Gnade und Huld enthüllen. Dieser Erkenntnis nach kann sich die Seele allerdings nicht in unserem Körper befinden. Man vergleiche die Sonne, deren Strahl auf einen Spiegel fällt. Wenn der Spiegel zerbricht, ist die Sonne davon nicht betroffen. Die Eigenschaften der Seele werden nur im Körper offenbar, sie aber lebt unabhängig vom Körper weiter, so wie das die Sonne unabhängig vom Spiegel tut.

Selbstmord, auch Freitod oder Suizid genannt, ist als willentliches Beenden des eigenen Lebens ein schweres Vergehen, da nur Gott, der Schöpfer allen Lebens dieses allein auch wieder nehmen darf. Ein Selbstmörder gefährdet seine Seele und geistige Entwicklung in der nächsten Welt. Dennoch darf man einen Selbstmörder nicht verurteilen, wie man überhaupt keinen Menschen verurteilen sollte. Richtig handelt, wer Güte, Mitleid und Verständnis für die Leiden der Menschen aufbringt, die sich umbringen. Für die Verstorbenen zu beten ist dabei immer sehr hilfreich.

Auf einer ernsthaften Basis, frei von esoterischer Effekthascherei, versucht die Jenseitsforschung bereits seit längerem Licht ins Dunkel dieses Mysteriums zu bringen. Siehe u.a. Schöpfung.com, Erforschung von Jenseits und Schöpfung. Dabei wurden Channelings mit jenseitigen Lehrern, sogenannten Guides, zu hoch interessanten Informationsquellen. Es stellte sich allerdings heraus, dass die Schöpfung zu komplex ist, um sie direkt zu beschreiben. Und einmal mehr gelangte man zur Erkenntnis, dass unsere irdischen Fähigkeiten sehr begrenzt sind und wir nur einen winzigen Bruchteil aller Möglichkeiten und Polaritäten kennen.

„In den heitern Regionen,
wo die reinen Formen wohnen,
rauscht des Jammers trüber Sturm nicht mehr.
Hier darf Schmerz die Seele nicht durchschneiden,
keine Träne fließt hier mehr dem Leiden,
nur des Geistes tapf'rer Gegenwehr."

Friedrich Schiller (1759-1805)

13 – Engel und Geistwesen

Die Bezeichnung „Engel“ stammt aus dem lateinischen „Angelus“ bzw. dem altgriechischen „Angelos“ und heißt so viel wie Bote oder Abgesandter. Dabei handelt es sich um Geistwesen, die, wie uns die verschiedenen Religionen wissen lassen, von Gott geschaffen wurden und ihm untergeordnet sind. Sie sollen als Mittler zwischen Gott und der Welt agieren. In den religiösen Texten des jüdischen Tanach, im Alten und Neuen Testament sowie im Koran sind das religiöse Verständnis, die Aufgaben und die Ordnung der Engel näher beschrieben.

Oft werden Engel den Halbgottheiten zugeordnet. Natürlich sind mit ihrer mythischen Existenz auch jede Menge Heiligenlegenden, Märchen und Wundergeschichten verbunden. Besondere Bedeutung haben die Engelvorstellungen im Bereich New Age und Esoterik, wo sie als Gott nahestehende Wesen seinen Willen vollziehen. Durch Gebete und Gedanken kann auch ihre Hilfe erstrebt werden. Manchen Menschen soll es im Direktkontakt mit Engeln, dem sogenannten Channeling, möglich sein, Gedanken und Botschaften auszutauschen.

Bereits im antiken Persien, in Mesopotamien, dem Alten Ägypten und im Judentum wurde von geflügelten, göttlichen oder gottgleichen Wesen berichtet. In der klassischen griechischen und römischen Kultur hingegen sind sie als Mittler zu Gott nicht bekannt, da dort die verschiedenen Götter selbst in das Leben der Menschen eingreifen oder Hermes bzw. Merkur als ihren Götterboten senden. Auch in der Überlieferung der frühen Geschichte des Volkes Israel spielen Engel eine große Rolle, was gleichfalls in die anderen abrahamitischen Religionen Einzug fand. Das frühe Christentum versucht in Form einer Angelogie ein genau definiertes Ordnungsschema der geistig-spirituellen Welt aufzubauen. Schließlich hatte der Engelglaube im Christentum lange eine zentrale Bedeutung.

Die Bibel erwähnt verschiedene Arten von Engel. In ihren Schriften gibt es sogar eine klare Hierarchie der Himmelsboten, die Gott, dem Schöpfer, unterstellt sind. Anbetung kommt den Engeln nach Aussage der Bibel allerdings nicht zu. Oft werden Engel als geschlechtslose Wesen gesehen, obwohl es auch Beschreibungen von ihnen als Jünglinge oder Männer gibt. Siehe die Engel vom leeren Grab Jesu oder jene, die in Sodom erschienen.

Auch in der Gotik werden Engel der abendländischen Kunst entweder in Mönchskutten oder als prachtvoll gekleidete Jünglinge dargestellt. Sie haben allesamt mächtige Schwingen und ein strahlender Nimbus zeigt ihre Lichtgestalt an. In der Spätgotik finden sich bei der Darstellung der Apokalypse Engel als Helfer beim Weltgericht sowie Erzengel als kämpferische Schutzpatrone in zeitgenössischer Rüstung. Etwa ab der zweiten Hälfte des 19. Jahrhunderts wurde allerdings die traditionelle jünglingshafte Darstellung immer mehr verlassen und man ließ Engel zunehmend weiblicher aussehen. Neben diesen Verkörperungen gibt es aber auch Interpretationen weiblicher Engel (Sacharja 5,9). Grundsätzlich haben Engeldarstellungen eine lange Tradition und sind vor allem in der christlich-religiösen bildenden Kunst zu finden - aber auch in alten Illustrationen islamisch geprägter Kulturen.

Dem Engelverständnis der Bibel nach gibt es auch Luzifer (lat. Lucifer, der Lichtträger), den gefallenen Engel und Höllenfürst, der sich einst als hochmütiger Lichtbringer der göttlichen Herrschaft nicht mehr unterordnen wollte. Er soll eine Reihe an „Höllenengeln“ mitgenommen haben, die jetzt als Teufel und Satan neben Gott die Welt und die Menschen mitregieren. „Ich sah Satan vom Himmel fallen wie einen Blitz“ (Lukasevangelium 10,18). Auf den Darstellungen des Höllensturzes wird Luzifer in Drachenform oft vom Erzengel Michael und seinen helfenden Engeln besiegt.

Sowohl im Christentum, Judentum und dem Islam kommt der Begriff Erzengel vor. In der Bibel wird nur Michael als Erzengel genannt und nur drei Engel werden darin überhaupt namentlich angeführt. Neben Michael sind das noch die Engel Gabriel und Raphael. Dennoch versteht man in der Glaubenstradition auch andere Engel als Teil einer Gruppe von Erzengel. In der jüdischen Religion ist von den Erzengeln Michael und Gabriel die Rede.

Die spätere jüdische Tradition zählte allerdings anhand einer Stelle im Buch Tobit sieben Erzengel, da Raphael dort sagt, dass er einer von „sieben heiligen Engeln“ sei. Konkret werden im Tanach und der begleitenden Literatur aber nur die vier Erzengelnamen „Gabriel, Michael, Raphael und Uriel“ angeführt. In anderen Schriften und in der Tradition der Kaballah wiederum scheinen folgende Namen als jene der Erzengel auf: „Chamuel, Haniel, Jophiel, Raguel, Sariel, Ramiel oder Zadkiel. Die russisch-orthodoxe Kirche zählte mit „Jeremiel“ sogar einen achten Erzengel mit.

Analog der jüdischen Tradition wurde im Christentum bis ins Mittelalter die Existenz von drei und manchmal vier Erzengel (mit oder ohne Uriel) gelehrt: Gabriel, Michael, Raphael und Uriel. Dabei kommt Michael als Engel des

„Weltgerichtes“ der Apokalypse eine besondere Bedeutung zu. Ebenso Gabriel als „Botschafter-Engel“ der Verkündigung an Maria. Beide waren weithin bekannte und beliebte Figuren christlicher darstellender Kunst.

Der hochrangigste Engel der jüdischen Mythologie ist Metatron. Von manchen religiösen Schulen wird er als der gelehrte Henoch und Vater Methusalems bezeichnet, den Gott in einen Seraphen mit 36 Flügeln und 365 Augen, jedes davon so hell wie die Sonne, verwandelte. Dem zufolge wurde er in der himmlischen Hierarchie nach dem Schöpfer zum „Stadthalter des Himmels“ und „König der Engel.“ Allerdings sind Metatrons Funktionen in den verschiedenen Religionen nicht einheitlich und daher nicht klar zu bestimmen. Der Überlieferung nach hat er das Volk Israel während dem Exodus aus Ägypten durch die Wildnis geführt. Er sorgt für Nahrung auf der Erde und übermittelt den Willen des Schöpfers an Propheten, andere Engel und Dämonen. Durch seinen Sieg über die ägyptischen Magier kommt er sogar über Michael und Gabriel zu stehen. Er wird auch „Engel der Bundeslade“ und „Fürst des göttlichen Gesichts“ genannt.

Zu den höchsten Engeln gehören auch die Seraphime und Cherubime, die ausschließlich zur Anbetung Gottes da sind. Bis in das späte Mittelalter wurde von Theologen die Stellung und tatsächliche Zahl der Erzengel in der Angelologie diskutiert. Heute wird es eher als private Glaubenssache gesehen, wer ein Erzengel ist oder nicht, da dieses Thema als kein zentraler Diskussionsgegenstand der unterschiedlichen Kirchen mehr gilt.

Die beliebtesten und nahestehendsten Engel sind für die meisten Menschen allerdings die Schutzengel. Nach mythologischer oder religiöser Vorstellung sind sie zum Schutz einer einzelnen Person, einer Gruppe, eines Ortes oder eines Landes zugeteilt. Besonders in der römisch-katholischen Kirche spielt der Glaube an Schutzengel eine bedeutende Rolle. In der römischen Religion nannte man die persönlichen Schutzgeister Genien, in der griechischen Mythologie Daimon und in der nordischen Mythologie Fylgjen. Aber auch in den abrahamitischen Religionen, im Islam und im Judentum lebt das Prinzip der Schutzengel. Vor einigen Jahren ergab eine Umfrage des Magazins GEO, dass ca zwei Drittel aller Deutschen an Schutzengel glauben. Aus der Sicht der Religionspsychologen stellt das einen Beweis für die „Sehnsucht nach persönlicher Fürsorge“ dar. Dass mehr Menschen an Schutzengel als an einen Gott glauben, wird damit erklärt, dass Engel für sie „greifbarer als Gott“ sind.

Es heißt, dass jeder Mensch seit seiner Geburt ein Lichtwesen an der Seite hat, das ihn bis zur Stunde seines Todes auf dieser Erde begleitet. Dieses Lichtwesen ist der persönliche Schutzengel, der ausschließlich für den Menschen, dem er zugeteilt wurde, da ist. Es soll auch vorkommen, dass ein Schutzengel über viele Inkarnationen hinweg mit dem gleichen Menschen verbunden ist. Man sagt, dieser überirdische Begleiter liebt seinen Menschen bedingungslos. Egal was dieser tut, denkt oder fühlt, er bleibt immer an seiner Seite. Dabei empfindet der Schutzengel sowohl die Freude als auch das Pein des Menschen mit und steigt in gleichem Maße auf, wie auch dieser aufsteigt. Der Auftrag unseres Schutzengels ist klar definiert. Er soll uns immer wieder zum Wachstum der Seele anregen, unseren Lebensweg begleiten, uns vor unvorhergesehenen Unfällen bewahren und für das Wohl und die Seele im ständigen Einsatz sein.

In der modernen Jenseitsforschung spricht man Schutzengel betreffend von einem Guide (oder mehreren Guides) bzw. Seelenführer, der/die uns unser Leben lang bis einschließlich durch die danach folgenden Astralebenen begleitet/n. Meistens kennen wir diese Wesen schon über Hunderte von Inkarnationen hinweg. Sobald wir in der Lage sind, sie zu sehen, erscheinen sie uns wie alte Bekannte. Dabei können sie sich auch als religiöse Gestalten zeigen, um ein Mitkommen des Verstorbenen zu erleichtern. Jeder Mensch hat im irdischen Leben zumindest einen Stammguide sowie oft noch mehrere temporäre Guides, die auf Fachgebiete spezialisiert sind und sich nur in Teilbereichen einbringen.

Guides können uns auch in emotionale oder materielle Sackgassen führen, was aber keine negative Absicht hat. Gerade Fehlschläge sollen uns die Möglichkeit bieten, am meisten zu lernen. Grundsätzlich könnte jede Seele die Funktion des Guides ausüben und andere Seelen bei ihren Inkarnationen begleiten. Allerdings heißt es, dass sie dazu große Inkarnationserfahrungen benötigt.

Aus der Mythologie und alten Überlieferungen stammt noch eine weitere feinstoffliche Wesensart. Und zwar die „Naturgeister", die auch in manchen Glaubenssystemen wie Naturreligionen oder konkreten Erlebnisberichten vorkommen. Man findet sie aber auch in Märchen, Mythen und der Esoterik. Ihr Erscheinen kann in Verbindung mit einem bestimmten Ort oder der Natur, wie eine Pflanze, ein Fluss oder ein Fels sein. Sie werden als menschenscheu, aber in ihrer äußeren Gestalt und ihrem Verhalten als menschenähnlich beschrieben. Der Rang einer Gottheit wird ihnen allerdings nicht zuerkannt.

Die Vorstellung von Naturgeistern hängt sehr mit den regionalen oder lokalen Traditionen und Entwicklungen der Menschen zusammen, was eine einheitliche Sichtweise erschwert. Die folgende Zuordnung knüpft an die Lehre der vier Elemente an:

1) ERDGEISTER ODER GNOME
(Wurzelwichte, Bergmännchen, Trolle, Irrwische, Feen und Elfen, Faune, Baumgeister/Dryaden und Zwerge)

2) WASSERGEISTER ODER UNDINEN
(Wassermänner, Wasserfrauen, Meerjungfrauen, Nixen, Nymphen, Najaden und Nereiden)

3) LUFTGEISTER ODER SYLPHEN
(Lichtelben, Devas und bei Shakespeare: Ariel und Oberon)

4) FEUERGEISTER ODER SALAMANDER
(Amphibien, Echsen, Schlangen, Drachen, Lindwürmer)

Ferner gibt es auch noch Kobolde als Hausgeister, die das Haus schützen, seine Bewohner aber gerne necken, ohne allerdings Schaden anzurichten. Der Besitzer eines Kobolds, so sagt man, wird oft wohlhabend, weil ihm der Kobold bei seinen nächtlichen Eskapaden Geld zuträgt. Er könne jedoch nicht sterben, bevor er den Kobold nicht an eine andere Person abgegeben hat. Den Kobold des Schiffes nennt man „Klabautermann." Eng mit der mythologischen Vorstellung des Kobolds verwandt sind auch noch die irischen Leprechauns.

Eine interessante Gruppe der Erdgeister stellen übrigens die sesshaften Baumgeister dar, deren Existenz mit einzelnen Bäumen verbunden ist. Vielen Vorstellungen nach werden Bäume und Pflanzen von den Baumgeistern beseelt. Ihr Dasein hängt mit dem von ihnen bewohnten Baum oder Wald zusammen. Vor allem in der nordischen Mythologie ist der Glaube an Naturgeister wie den Baumgeist untrennbar mit dem Seelenglauben verbunden. Er agiert vor allem als Schutz- und Hausgeist. Im frühen Mittelalter war es üblich, Votiv-Gaben an Bäume zu opfern und kultische Mahlzeiten in Zusammenhang mit der Verehrung von Bäumen zu veranstalten. Dieser Baumkult wurde aber schon zu Zeiten Karl des Großen und durch die Provinzialsynode Trier im Jahre 1227 verboten.

Allgemein wird angenommen, dass die Naturgeister die Natur verteidigen. In vielen Geschichten helfen sie den Menschen, die gut zur Natur sind und schaden jenen, von denen sie sich und das von ihnen beschützte Gut bedroht sehen. Für die meisten Menschen unserer westlichen Welt hat die Beschäftigung mit den Naturgeistern eher einen unterhaltsamen Charakter. Ihr Zugang zu diesem Thema ist vor allem durch spannende oder romantische Geschichten, Märchen und Sagen gegeben. Andere wiederum schwören darauf, Naturgeister und manchmal auch andere Geister wahrnehmen oder mit ihnen kommunizieren zu können. Viele weitere interessante Details zu diesem Thema sind unter anderem in den „Flensburger Hefte“ (Flensburger Hefte Verlag, 2003 Flensburg) nachzulesen.

„Zu lieben um geliebt zu werden, ist menschlich, aber zu lieben nur um der Liebe wegen, ist engelsgleich.“
Alphonse de Lamartine

14 – Theoretische und praktische Beweise für ein Leben nach dem Tod

In den Kapiteln „Nahtod-Erfahrungen“ und „Das Jenseits“ konnten Sie bereits zahlreiche Theorien, Glaubenshaltungen und Berichte über das, was uns jenseits des irdischen Lebens erwartet oder erwarten könnte, nachlesen. Alle Bücher von den Pionieren in der Erforschung der Nahtod-Erfahrungen, Dr. Raymond Moody und Elisabeth Kübler-Ross, wurden zu Weltbestsellern. Auf verblüffende Weise gleichen sich dabei die Erzählungen von Hunderten Menschen, die für tot gehalten und wiederbelebt wurden.

Erstaunlich ist dabei, dass sich später keiner mehr vor dem Sterben fürchtete, weil er es als überaus schönes und befreiendes Erlebnis voller Liebe und Wärme empfunden hatte. Und dennoch vermögen die Wenigsten die richtigen Worte zu finden, mit denen sich diese Geschehnisse angemessen ausdrücken ließen. Vielen wird sogar mit Spott begegnet, weshalb sie es früher oder später aufgeben, mit anderen über dieses Thema zu sprechen. Dennoch hinterlassen die Erlebnisse tiefe Spuren im Leben der Betroffenen und sorgen für eine völlig neue Einstellung gegenüber dem Tod.

Doch betrachten wir zuerst einmal die Ergebnisse der Arbeit von Dr. Moody etwas näher. Er hatte sich jahrzehntelang mit todkranken Patienten befasst und dabei Einblicke in das Phänomen Tod gewonnen, die für ihn immer wichtiger wurden. Man wusste zwar schon vorher eine Menge über den Vorgang des Sterbens, doch gab es noch kaum Erkenntnisse über die Erfahrungen, die Patienten machten, wenn sie im klinischen Sinne für tot erklärt wurden. Offene Fragen dazu waren aber in großer Zahl vorhanden. Die Erkenntnisse von Dr. Moody decken sich weitgehend mit den Forschungen von Elisabeth Kübler-Ross, die sich ebenfalls auf die Aussagen von Personen stützen, die gestorben sind und - ohne dass die Ärzte noch damit rechneten - wieder zum Leben erweckt werden konnten.

Diese Patienten machten die Erfahrung, aus ihrer stofflichen Körperhülle hinausgetragen zu werden und verspürten dabei ein tiefes Gefühl vor Frieden und Ganzheit. Zugleich nahmen die meisten eine andere Person wahr, die ihnen bei diesem Übergang in eine andere Ebene des Seins behilflich war. Viele von ihnen wurden von nahestehenden Verstorbenen begrüßt oder auch von einer religiösen Gestalt, die in ihrem Leben von Bedeutung war und ihrem Glauben entsprach.

Die Frage, ob es ein Leben nach dem Tod gibt, ist unter (Natur-) Wissenschaftlern derzeit noch immer sehr umstritten. Dennoch sind Indizien vorhanden, die auch aus wissenschaftlicher Sicht durchaus darauf schließen lassen. Dazu gehört die Ausschüttung körpereigener Drogen, wie Opiate, Glückshormone und Halluzinogene in der Todesphase. Evolutionsforscher haben schon länger herausgefunden, dass es praktisch keine Funktionen bzw. Fähigkeiten beim Menschen gibt, die seiner Spezies nicht irgendwelche Vorteile bringen. Daher entstand die Theorie, dass der einzige Nutzen dieser Nahtod-Ereignisse die Vorbereitung auf ein Leben nach dem Tod ist.

Einige der außerkörperlichen Erlebnisse von Nahtod-Patienten sind wissenschaftlich gut dokumentiert, da sie sich unter anderem während Total-Stillstand-Operationen ereigneten. Bei solchen Operationen ist es üblich, den Kreislauf des Patienten für kurze Zeit anzuhalten, um die erforderliche Blutmenge zu entfernen. Bei dieser Maßnahme ist der Patient klinisch tot, da vorübergehend keine Gehirnströme messbar sind. Dazu meinen Fachleute, dass die Patienten Geschehnisse im Operationssaal nicht beschreiben könnten, wenn die außerkörperlichen Erlebnisse durch eine Fehlfunktion des Gehirns verursacht wären. Einige dieser Fälle gelten als unumstößliche Beweise. Besonders interessant sind dabei die wiederholt festgestellten Wahrnehmungen von Geburt an blinder Patienten, die infolge solcher Erlebnisse ihre Umgebung genau beschreiben konnten.

Eine große Motivation für mich, dieses Buch zu schreiben, war eine liebe Bekannte namens Veronika, die seit vielen Jahren die bemerkenswerte Fähigkeit besitzt, mit der transzendenten Welt kommunizieren zu können. Diese Fähigkeit schlummerte vermutlich schon immer in ihr, wurde aber einst durch eine Bekannte geweckt, die selbst schon lange in Kontakt mit dem unsichtbaren Paralleluniversum stand. Und wie, so werden Sie jetzt vermutlich fragen, erfolgt nun dieser Kontakt?

In vielen Fällen erhält Veronika ad hoc eine Art inneren Impuls, der ihr anzeigt, dass eine nicht körperhafte Energie mit ihr Kontakt aufnehmen möchte. Das äußert sich meistens in einer Art Kribbeln der linken Hand. Wenn Veronika dann einen Stift nimmt und die Hand damit leicht auf das Papier setzt, wird dieser Impuls fortgesetzt und sie beginnt zu schreiben. Aber keine Worte, die sie sich soeben selbst ausdenkt, sondern eine Botschaft, die sie auf geistige Weise aus einer anderen Sphäre erhält.

Und diese kann von verschiedenen „Kommunikationspartnern“ kommen. Der häufigste von ihnen ist ihr eigener Schutzengel als persönlicher Guide.

Manchmal sind es auch Schutzengel anderer Menschen oder hierarchisch höhere Engel. Es können aber auch verstorbene Familienmitglieder, Freunde oder fremde Verstorbene sein. Der Grund zur Kontaktaufnahme „von drüben“ ist meistens eine Nachricht bzw. eine Aufforderung, jemand beizustehen, ihn zu warnen oder eine sonstige hilfreiche Handlung durchzuführen. Damit erfüllt sich bei ihr die seit Urzeiten bestehende Sehnsucht der Menschen, mit Angehörigen oder guten Freunden auch nach deren Tod in Verbindung zu bleiben. Alternative Kontaktaufnahmen dieser Art werden auch Séancen, Sittings oder Readings genannt.

Die schriftlichen Nachrichten, die Veronika erhält, sehen jedoch nicht wie ein herkömmlicher Brief aus, sondern werden ohne Abstände zwischen den einzelnen Worten, quasi als durchgehende Verbindung, geschrieben. Die erforderlichen Worttrennungen nimmt Veronika dann nach Beendigung der Kommunikation vor, indem sie zur korrekten Sinnerfassung der jeweiligen Botschaft Schrägstriche (Slashs) zwischen den Wörtern einfügt. Auf diese Weise erhaltene Nachrichten, die sie an andere Personen weitergibt, erfasst sie dann der besseren Lesbarkeit halber mit dem PC.

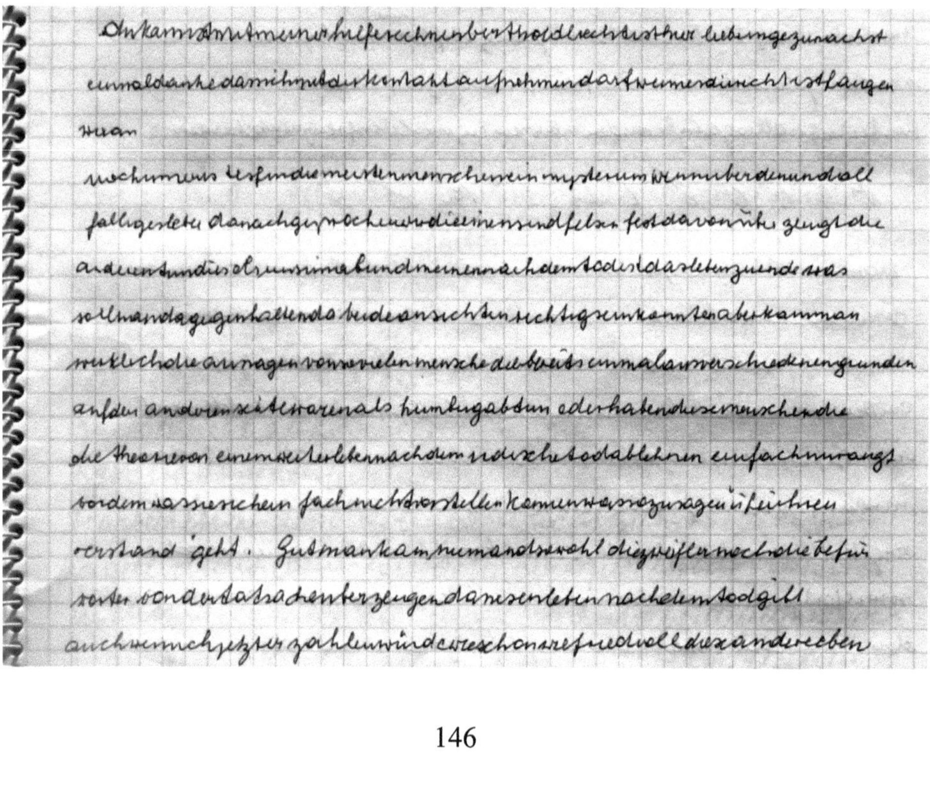

Ein weiterer sehr interessanter Faktor ist dabei, dass sich die Handschrift bei jedem Wesen, mit dem Veronika auf diese Weise kommuniziert, verändert. Das heißt, es ergeben sich immer wieder andere, individuelle Schriftbilder, da jeder „Kommunikationspartner" Veronika seinen ganz persönlichen Schriftzug übermittelt. Diese Schriften unterscheiden sich meistens sehr in Größe, Neigung und Stil. Selbst wenn bei manchen Kontakten größere Zeitintervalle, mitunter sogar Jahre, dazwischen liegen, sieht das Schriftbild bei der nächsten Kommunikation mit dem/der Betreffenden genau so aus wie zuvor. Da Veronika über keine spezielle grafische Begabung verfügt, wäre es ihr nicht möglich, von sich aus immer wieder neue Schriftbilder zu entwerfen und diese über mehrere Botschaften hinweg konstant wiederzugeben.

Dabei muss Veronika nicht immer nur auf einlangende Impulse zur Kontaktaufnahme warten, sondern kann auch von sich aus mit einem gewünschten transzendenten Kommunikationspartner in Kontakt zu treten. Und diese Kontaktaufnahme beginnt mit dem Stift auf einer leeren Seite in ihrem Heft, in das sie alle Botschaften dieser Art einträgt (siehe Abbildung Seite 146). In der Praxis ist allerdings nicht jeder gewünschte Gesprächspartner ständig erreichbar.

Manchmal sind zur beabsichtigten Kommunikation mehrere Versuche notwendig. Auf diese Weise hat meine Bekannte Gelegenheit, Antworten auf viele sehr interessante und wichtige Fragen über ihr eigenes Leben und das von Nahestehenden sowie über die Welt und die Menschheit zu erhalten. Das trifft auch auf das andere, für uns nicht sichtbare Universum zu. Für mich war es immer ein besonderes Erlebnis, wenn ich Gelegenheit hatte, die faszinierenden Momente ihres Schreibens live mitzuerleben.

Allerdings - man könnte auch sagen, leider - werden nicht alle Fragen beantwortet. Dazu gehören diverse persönliche Informationen, lebensbeeinträchtigende Zukunftsereignisse, Lotto- und sonstige Gewinnzahlen und alle Informationen, die Schicksale auf wesentliche Weise verändern würden. Eine zentrale von ihr erhaltene Information ist jedoch, dass Gott nicht nur der Herrscher unserer sichtbaren materiellen, sondern auch jener für uns unsichtbaren Welt ist. Und diese kann man sich, auch wenn es noch so kurios klingt, wie ein großes Firmenimperium mit zahlreichen Mitarbeitern und Hierarchien vorstellen. Engeln kommt dabei als den Helfern Gottes eine besondere Bedeutung zu.

Alle Verstorbenen bekommen in dieser Sphäre nach einer kurzen „Gewöhnungszeit“ eine für sie passende Aufgabe zugewiesen, die sie annehmen oder ablehnen können. Dazu gehört zum Beispiel der Empfang und die erste Betreuungsphase verstorbener Menschen- oder Tierseelen. Auch die Vorbereitung menschlicher Seelen für ihre nächste Inkarnation wäre eine solche Aufgabe. Wenn es für die Entwicklung der Menschenseele erforderlich ist, kann bzw. muss sie nämlich früher oder später wieder in ein Erdendasein inkarnieren. Die geografischen und familiären Umstände werden dabei allerdings vorgegeben und können von ihr selbst nicht beeinflusst werden. Im Vorwort dieses Buches ist ein solches „Gespräch“ mit einer verstorbenen Person, die über die „andere Welt“ berichtet, 1:1 wiedergegeben.

Als Spiritismus (lat. Geist, Seele) - auch Spiritualismus - wird übrigens die Vorstellung bezeichnet, dass die menschliche Seele nach dem Tod weiter existiert und dass es mit Hilfe bestimmter Personen bzw. Medien möglich ist, mit den Seelen von Verstorbenen Kontakt aufzunehmen. Auf mehr als 100 Millionen Menschen wird inzwischen weltweit die Zahl der Anhänger des Spiritismus geschätzt. Die Zeiten, in denen diese Gruppe als weltfremde Spinner bezeichnet wurde, sind daher endgültig vorbei. Dieser Boom hat inzwischen alle Gesellschafts- und Altersschichten erfasst. Während es früher meist ältere Damen waren, die auf diese Weise Trost und neue Erkenntnisse suchten, sind es heute auch immer mehr Männer.

Der Brite Paul Meek, ein studierter Pastor und ehemaliger Opernsänger aus Wales, ist schon oft im Fernsehen aufgetreten. Mit seinen unterhaltsamen spiritistischen Shows, die auch als „Mediale Abende“ bezeichnet werden, sorgt er in vielen Ländern für ausverkaufte Hallen. Er meint: „Ich bin in Wales aufgewachsen. Dort ist es ganz normal, mit den Toten zu sprechen.“ In England hat sich das, was er betreibt, bereits zu einer anerkannten Religion entwickelt.

„Wenn du das Unmögliche ausgeschlossen hast, dann ist das, was übrig bleibt, die Wahrheit, wie unwahrscheinlich sie auch ist.“ Sir Conan Doyle (1859-1930).

15 – Die Zukunft der Menschheit

Vielleicht wird es die Menschheit ja in 50 oder 100 Jahren endlich begriffen haben und fähig sein, auf einem grünen Planeten gemeinsam vernünftig zusammenzuleben. Vielleicht aber wird sie aus ihren zahlreichen fatalen Fehlern auch in Zukunft nichts lernen und wie einst das sagenhafte Atlantis sang- und klanglos untergehen. Trotz der Menge an positiven und negativen Zukunftsprognosen kann das heute niemand ganz genau sagen. „Wir sind dazu bestimmt, das zu tun, was getan werden muss, was immer auch geschieht. Wir wissen, dass es gut gehen kann, aber wir wissen auch, dass es schlecht enden kann“ (Hubert Reeves).

Die Österreicher sind jedenfalls zuversichtlich, was die nahe Zukunft betrifft. Das zeigte eine OGM-Umfrage für den KURIER. Ein Viertel der Befragten ist davon überzeugt, dass 2011 für sie besser als das Vorjahr wird. Nur 12 Prozent glauben an eine Verschlechterung. Eine große Mehrheit meint, dass es in nächster Zeit so bleibt, wie im Jahr davor. „Die Österreicher schauen also mehrheitlich optimistisch in die Zukunft“ resümiert Meinungsforscherin Karin Cvrtila. „Die Menschen hören und lesen, dass die Weltwirtschaftskrise vorbei ist. Und viele hat sie ja auch persönlich gar nicht betroffen.“

Aber selbst am Höhepunkt der Krise gab es in diesem Land mehr Optimisten als Pessimisten. Dennoch erscheint es interessant, dass die unter 30jährigen um einiges zuversichtlicher sind als die unter 50jährigen. Auch im europäischen Vergleich sind die Österreicher eher zuversichtlich - dicht gefolgt von den Schweden und den Esten. „Und das zu recht“ erklärt Karin Cvrtila, „... denn die wirtschaftliche Situation ist hier besser als in den meisten anderen EU-Staaten.“ Nicht ganz so rosig sind diese Einschätzungen allerdings für die fernere Zukunft.

„Unser Optimismus ist gut, aber kurzfristig“ schreibt daher die österreichische Tageszeitung KURIER zu Jahresbeginn, und der Philosoph Rudolf Burger meint im Zeitungsinterview: „Es wäre fürchterlich, die Zukunft vorauszusehen.“ Dennoch bleibt es Staaten, Unternehmen, Organisationen und auch jeder einzelnen Familie nicht erspart, sich auf künftige Herausforderungen entsprechend einzustellen.

Trotz der Bereitschaft, positiv zu denken, regt sich aber auch einige Kritik in der Bevölkerung. Einer aktuellen Umfrage des Meinungsforschungsinstituts „market“ nach können stolze 60 Prozent der Österreicher die momentane

Wirtschaftspolitik nicht nachvollziehen. Nur magere 15 Prozent sind mit den Maßnahmen der Bundesregierung d'accor. Damit haben 60 Prozent kein Vertrauen in die hiesigen Entscheidungsträger. Ja, sogar 41 Prozent der SPÖ- und 43 Prozent der ÖVP-Wähler waren mit der Politik der Koalition unzufrieden. Laut dieser Umfrage wünschen sich die Bürger (mit je 79 Prozent) für die Zukunft vor allem gesicherte Pensionen und die Schaffung von Arbeitsplätzen. 70 Prozent fordern Einsparungen bei den Staatsausgaben. Eine Schul- und Verwaltungsreform wird von je 67 Prozent gefordert. 50 Prozent legen auf mehr Kinderbetreuungseinrichtungen Wert.

Es ist vor allem Stillstand, den sich die Bundesregierung vorwerfen lassen muss. Stillstand bei der Steuerreform, bei der Bundesheer-Reform und bei der Schulreform. Und dazu kommt auch noch eine „Gähn-Politik". Banker beschimpfen die Volksvertreter als blöd und feig, und Unternehmen träumen schon längst von einer eigenen Wirtschaftspartei. Das heißt, Unzufriedenheit breitet sich aus. Erstmals würde eine Mehrheit von 29 Prozent im Mai 2011 FPÖ wählen. Und das ist immerhin ein bemerkenswerter Denkzettel für die Regierung.

Ein Großteil der EU-Bürger (48 Prozent) meint, dass uns das Schlimmste noch bevorsteht. Nur 43 Prozent sehen die Zukunft optimistisch. Und 10 Prozent wollen sich erst gar nicht festlegen. Eine auffallend schlechte Stimmung herrscht in den EU-Sorgenländern Griechenland, Italien, Portugal und Irland. Die Europapolitik wäre ziellos, machtorientiert, opportunistisch, und es herrsche blanke Interessenspolitik; für einen billigen Erfolg an den Wahlurnen werde so ziemlich alles verraten. Mit etwa diesen Worten hat das kürzlich der deutsche Philosoph Jürgen Habermas beschrieben. Damit meinte er zwar die deutsche Regierung mit der Kanzlerin Angela Merkel, aber die unübersehbaren Ähnlichkeiten mit anderen aktiven Regierungschefs dürften nicht zufällig sein.

Auch die zahlreichen öffentlichen Affären der letzten Jahre zeigen in der Bevölkerung massive Wirkung. Kirche und Politiker sind bei den Österreichern eindeutig unten durch. Die Katholische Kirche hat massive Einbußen in ihrer moralischen Glaubwürdigkeit zu verzeichnen. Viele Fälle sexuellen Missbrauchs und veraltete Strukturen, die sich mit der christlichen Botschaft nicht vereinbaren lassen, sind in erster Linie daran schuld. Das beinhaltet auch eine Menge Gewalt und missbrauchte Autorität. Dabei wären Offenheit und Transparenz gefragt. Dazu ist aber eine Kultur erforderlich, die sich zu ihren Fehlern bekennt, um daraus zu lernen.

Keiner Berufsgruppe wird heute so wenig Vertrauen entgegengebracht, wie den Politikern. Dabei kann man durchaus sagen, dass es Politikverdrossenheit ja schon lange gibt, doch inzwischen hat sie sich (zumindest in Österreich) Dank Repräsentanten wie Grasser und Strasser bereits zum Volkszorn gesteigert. In einer kürzlich erstellten Studie über die Lebensqualität von Politikern hielten nur 11 Prozent der Befragten ein Leben als Politiker als erstrebenswert. Tatsächlich werden Spitzenjobs in der Politik schlechter bezahlt als in der Wirtschaft, und auch die Macht der Politiker wird immer geringer. Das Problem dabei ist, wie es kürzlich Peter Pelinka beschrieb: „Für die Politik bleiben dann nur die Unqualifizierten."

Damit geht auch ganz allgemein eine tiefgreifende Vertrauenskrise in der Gesellschaft einher. Selbst die Wirtschaftskrise wurde im Grunde zu einer Vertrauenskrise. Sieger im Vertrauensranking sind dafür die Hausärzte, die Stammbanken, Versicherungen und die Polizei.

Zunehmend bilden sich auch „Freie Christen", wie der Arbeitskreis für ein freies, anthroposophisch (spirituelles) und sakramental vertieftes überkonfessionelles Christ-Sein. Dabei handelt es sich um Gläubige, die unabhängig von irgendeiner Kirche ihre Gottesbeziehung autonom, individuell und frei leben. Sie suchen undogmatisch spirituell vertiefte Sakramente in einer toleranten und liebevollen Christengemeinschaft.

Befragt man Männer, wem sie am meisten vertrauen, nennen die meisten ihre Partnerin. Frauen reagieren hier schon etwas differenzierter und führen eher ihre Mutter oder beste Freundin als wichtigste Vertrauensperson an. Mehr über all diese Trends ist anhand einer aktuellen Gallup-Umfrage in dem neu erschienen Buch „Vorsicht Vertrauen" von Manfred Berger und Arne Johannsen zu erfahren.

Wie der KURIER weiters berichtet, kommt das Pew Research Center in Washington, ein Institut, das regelmäßig das Meinungsklima in der ganzen Welt untersucht, zu einem unterschiedlichen Ergebnis. Bei der Frage, ob sich ihr Land in die richtige Richtung entwickelt, sind Optimismus und Hoffnung sehr ungleich verteilt. Während 87 Prozent der Chinesen, 50 Prozent der

Brasilianer und 45 Prozent der Inder sagen, ihr Heimatland sei gut unterwegs, ist im Westen nur mehr eine Minderheit dieser Meinung.

Noch krasser drückt es der deutsche Publizist Peter Scholl-Latour in einem kürzlich erfolgten STERN-Interview aus. Er meint: „Die Zeit des weißen Mannes geht zu Ende.“ Während sich in China die Zahl der Studenten in den letzten 20 Jahren vervierfacht hat, wird bei uns diskutiert, wie wir junge Menschen von der Uni fernhalten können. Zugleich kommt es zu einer Verschärfung der Aufnahmebedingungen. In Brasilien zum Beispiel ist das große Thema die wirtschaftliche Dynamik und bei uns die Absicherung eines unfinanzierbaren Pensionssystems.

Selbst viele gut situierte Bürger in den westlichen Industrieländern spüren, dass die Zeit des kontinuierlichen Wachstums auch bei uns zu Ende ist. Das lässt den Schluss zu, dass unsere Kinder mit einer höheren Konkurrenz am immer globaleren Arbeitsmarkt konfrontiert sein werden und der Wohlstand in Zukunft zurückgeht. Die Gegenwart zeigt diesen Trend bereits schonungslos auf. Sowohl bei den Familien als auch bei den Pensionisten wird gespart und die Mineralölsteuer steigt und steigt.

„Weniger Arbeit und weniger Konsum, dafür aber mehr Freizeit und mehr soziale Beziehungen“ sind die aktuellen Thesen des britischen Professors Tim Jackson. Der Berater von Premiere David Cameron fasste diese Philosophie in seinem Bestseller „Wohlstand ohne Wachstum“ zusammen und findet damit immer mehr Gehör. Jackson setzt sich für weniger Arbeit bei gleichbleibendem Lohn und mehr Freizeit ein und prangert die sture Ausrichtung der Wirtschaftspolitik auf das Wirtschaftswachstum an. In den Industriestaaten sorgt dieses Wachstum, in Kombination mit ungebändigtem Konsum, für enorme ökologische und soziale Probleme. „Die Idee des ständigen Konsumwachstums, sogar in materiell gesättigten Nationen, ist absurd. Sie ist ökologisch gefährlich und finanziell bedenklich“ meinte Jackson in einem kürzlich erfolgten FORMAT-Interview.

Durchaus realistische Prognosen sorgen heutzutage vor allem bei den 50+jährigen für Ängste. Die Jüngeren zeigen sich davon vorerst noch ziemlich unbeeindruckt. 37 Prozent der Befragten ab 50 Jahren meinen, dass sie im Vergleich zum Vorjahr weniger Geld zur Verfügung haben. Bei den bis 30jährigen hingegen sind nur 13 Prozent dieser Meinung. Dass diese Entwicklung aber auch ihre Bauernopfer fordert, zeigt, dass schwächere Gruppen, wie etwa die Ausländer, vielfach für die Missstände verantwortlich gemacht werden. Und schwache, ängstliche Politiker ohne Weitsicht orientieren sich eher an Meinungsumfragen und bevorstehenden Schlagzeilen als an der erforderlichen Volksnähe.

Leider explodieren derzeit noch dazu unsere Preise, während die Gehälter nachhinken. Vor allem die Kosten für Grundnahrungsmittel steigen weltweit in erschreckendem Ausmaß an. Aber auch die Kosten für Tanken und Wohnen entwickeln sich bedenklich nach oben. Und ein wesentlicher Preistreiber ist hier der Sprit. Diesel kostet 2011 um 22 Prozent, Super um 15 Prozent mehr als 2010. Der Preisunterschied zwischen Benzin und Diesel ist inzwischen abgeschafft. Aber auch Heizöl legte mit 21 Prozent kräftig zu. Und die Gaspreise sind mit einer drei- bis sechsmonatigen Verzögerung an den Ölpreis gekoppelt.

Während Mindestlöhne in unseren Breiten um 1,7 Prozent stiegen, betrug die Teuerung 2,4 Prozent. Das heißt, dass die Inflation in der Eurozone so hoch ist, wie schon seit Jahren nicht. Die Weltbank verlautbart, dass durch diese Umstände zusätzlich 44 Millionen Menschen von extremer Armut und Hunger bedroht sind. Und die große Frage ist, ob sich die Preisspirale noch weiter nach oben drehen wird. Bei Treibstoff ist das sicher der Fall, da Anfang 2011 bereits die 1,5-Euro-Marke pro Liter überschritten wurde und sich die Autofahrer längerfristig auf Preise rund um zwei Euro einstellen müssen.

Sehr bescheiden machen sich derzeit auch die Zinsen für nichtgebundene Spareinlagen aus: 0,0625 bis 0,125 Prozent. Wer für sein Kapital höhere Zinsen möchte, muss ein höheres Risiko eingehen. Auch die Alternative einer längerfristig gebundenen Sparvariante kann derzeit nicht mit Zinsen locken. Und wer früher aussteigt, muss sogar mit Verlusten rechnen. Noch dazu verrechnen manche Banken inzwischen eine sogenannte Schließungsgebühr.

Preisexplosionen, wie sie derzeit der Fall sind, können auch leicht zu Auslösern von Hunger-Revolutionen werden, wie das Anfang 2011 in Tunesien und Ägypten eindrucksvoll zu beobachten war Dabei mutet es beklemmend an, zu erfahren, dass bis zu 50 Prozent der Nahrungsmitteln in westlichen Industrieländern, oft noch originalverpackt, wieder im Müll landen. In Österreich sind das jährlich an die 160.000 Tonnen. Damit könnte immerhin eine

Stadt mit 100.000 Einwohnern gut ernährt werden, wie die Universität für Bodenkultur in Wien mitteilt.

Umso erfreulicher ist in Österreich die hohe Bereitschaft kleiner und mittlerer Unternehmen, trotz wirtschaftlich schwieriger Zeiten in innovative Produkte und Dienstleistungsmodelle zu investieren. 2008 und 2009 gab es etwa die gleiche Menge an Patentanmeldungen. Wie die Infrastrukturministerin verlautbart, sind die heimischen Betriebe auch in der Not erfinderisch. Sie sorgen auf engagierte Weise dafür, dass Österreich bei den Innovationen im internationalen Spitzenfeld liegt. Damit ist ein großer unternehmerischer Startvorteil für die Zeit nach der Krise verbunden.

Ein weiteres Thema, das immer wieder große Wellen schlägt und zum erfolgsentscheidenden Aufhänger so mancher politischer Wahl wird, ist die Zuwanderung. Dazu meint der Zukunftsforscher Reinhold Popp von der Fachhochschule Salzburg für Zukunftsstudien: „Um ein Wachstum der Bevölkerung ohne Babyboom und auch eine entsprechende Lebensqualität in Österreich zu erreichen, bedarf es der Zuwanderung. Die Zusammensetzung der Bevölkerung wirkt sich sehr wesentlich auf die Lebensqualität aus. So ist es auch ein Faktum, dass die Gesellschaft immer älter wird und sich die Anzahl der Kinder verringert.

Eine Bevölkerung kann daher nur wachsen, wenn es Zuwanderung gibt. Die Zukunft der Bevölkerungsstruktur hängt nicht nur davon ab, wie viele Kinder geboren werden und wie viele Menschen sterben, sondern auch davon, wie viele Personen ein- und auswandern. Alle seriösen Demografen gehen davon aus, dass durch eine positive Wanderungsbilanz ein Schrumpfen der Bevölkerung zumindest in den nächsten Dekaden nicht zu erwarten sei, auch wenn die österreichischen Frauen immer weniger Kinder bekommen."

Aus demografischer Sicht beeinflusst das Verhältnis zwischen Jung und Alt den Arbeitsmarkt und die Lebensqualität eines Landes. In Österreichs Bevölkerung steht die Gruppe der 65-Jährigen mit 17,7 Prozent der Gruppe von unter 15-Jährigen mit nur 15 Prozent gegenüber. Ein Verhältnis, das sich in etwa auf den gesamten deutschsprachigen Raum umlegen lässt. Diese stark rückläufige Geburtenrate hat zugleich eine negative Geburtenbilanz zur Folge. Prognosen besagen, dass die Sterberate ab 2030 die Geburtenrate übersteigen wird.

Experten sind sich einig: Wenn die hohe Lebensqualität erhalten bleiben soll, ist das nur mit Zuwanderung möglich. Popp stellt in seinem Buch „Lebensqualität - Made in Austria“ fest: „Migration hängt immer und überall sehr eng mit der Lebensqualität eines Landes zusammen. Die reichsten Länder der Erde verzeichnen die höchsten Zuwanderungs-, die ärmsten die höchsten Abwanderungsraten. Auch die Zuwanderung nach Österreich wird als ein Zeichen der hohen Lebensqualität in der Alpenrepublik gesehen.

Dennoch sind die Zeiten, wo einreisewilligen Immigranten Tür und Tor offenstanden, vorbei. Denn so einfach wie früher möchte es die Bundesregierung den Zuwanderern inzwischen nicht mehr machen. „Woher kommen Sie? Wo wohnen Sie? Welche Leute kennen Sie? Was besitzen Sie? Solche und ähnliche Fragen werden Menschen, die nach Österreich zuwandern wollen, künftig beantworten müssen. Aber auch „Deutsch vor Zuwanderung“ ist eine Forderung, die verhindern soll, dass jemand nach Österreich zieht und sich hier jahre- oder gar jahrzehntelang verschanzt, ohne die Sprache zu können. Laut der Innenministerin ist das vor allem im Bereich des Familiennachzugs ein großes Problem. In diesem Sinne wird künftig das Zeugnis eines international anerkannten Instituts verlangt.

Schlüsselkräfte, Forscher und Wissenschaftler bleiben jedoch davon ausgenommen, denn für das Wirtschaftswachstum sind Forschung und Innovation von größter Bedeutung. Einer WIFO-Studie nach, die der Sozialminister kürzlich präsentierte, werden bis zu 16.500 Tschechen, Slowaken und Ungarn ab der Öffnung des Arbeitsmarktes am 1. Mai 2011 zusätzlich pro Jahr von Osteuropa nach Österreich kommen. Sie haben unbeschränkten Zugang zum österreichischen Arbeitsmarkt und brauchen keine Arbeitsbewilligung mehr. In Österreich haben heute übrigens 213.000 Menschen deutsche Wurzeln. Die zweitgrößte Gruppe sind die Serben mit 207.000. Danach folgt die Türkei mit 183.000, Bosnien und Herzegowina mit 130.000, Kroatien mit 70.000 und Rumänien mit 63.000.

Vor allem Berufsneulinge sind am Arbeitsplatz inzwischen einem harten Wettbewerb ausgesetzt. Eine gute Qualifikation und die richtige Jobauswahl werden eine immer wichtigere Erfolgsvoraussetzung. Wie man im Frühjahr 2011 im KURIER nachlesen konnte, ist der Aufholprozess nach der Krise voll im Gange. Die Beschäftigtenzahl steigt weiter, und jene der Arbeitslosen könnte bald sinken. Derzeit ist die Zahl der Arbeitslosen seit dem Jahr

2000 allerdings noch ziemlich hoch. In Österreich waren seither immer über 200.000 Menschen ohne Job.

Jetzt suchen Junge und immer mehr Frauen eine Beschäftigung. Ältere sollen länger als bisher erwerbsaktiv bleiben. Auch die Mobilität des Einzelnen hat sich erhöht. Das heißt, dass am Arbeitsmarkt ein harter Wettbewerb herrscht, der vor allem die bis 30-jährigen vor Probleme stellt.

Eine ernsthafte Bedrohung für unsere wirtschaftliche Zukunft und unseren Lebensstandard sind die explodierenden Staatsschulden. Vor allem Amerika und Europa kommen dabei voll unter die Räder. Dort werden die Menschen im zweiten Jahrzehnt unseres neuen Jahrtausends einen hohen Preis für die finanzielle Misswirtschaft der Regierungen zahlen müssen. Und das bedeutet in jedem Fall höhere Steuern und geringere öffentliche Leistungen.

Wie Frank Stronach vom Magna-Konzern in einem Artikel der „Kronen Zeitung“ Anfang 2011 aufzeigte, waren die Warnsignale bereits unübersehbar: Die globalen Finanzmärkte haben Euro und Dollar schwer unter Druck gesetzt, was die Darlehensgeber veranlasste, ihre Konditionen zu verschärfen. Zugleich wird die Schuldenkrise Europas zur Vertrauenskrise des Euro. Damit geht auch die Angst vor einer Hyperinflation um.

Die Anhäufung von Schulden betrifft gleichermaßen Menschen, Firmen und Länder. Da ist es nur eine Frage der Zeit, bis man jegliche wirtschaftliche Freiheit verliert. Und aus den Fugen geratende Schulden gehen immer zu Lasten des Wohlstands. Schließlich muss immer mehr Geld zur Tilgung dieser Außenstände aufgewendet werden. In jenem teuflischen Karussell befinden sich derzeit vor allem Europa und Amerika. Und eine zu erwartende Anhebung der Zinsen würde für Staaten auch höhere Zinszahlungen für ihre Schulden nach sich ziehen. Das gilt auch für Kreditnehmer, wobei die massive Geldentwertung für die Sparer etwas gelindert würde.

Schulden können, wie Frank Stronach feststellt, Menschen, Familien, Firmen und Länder finanziell erdrosseln und in den Abgrund reißen. Sie sollten daher nach Möglichkeit vermieden - und falls das nicht gelingt, so schnell wie möglich getilgt werden. Zudem sind Schulden von heute ja bekanntlich die Steuern von morgen.

Seit dem Start der europäischen Gemeinschaftswährung am 1. Jänner 2002, hat der Euro übrigens knapp 22 Prozent an Wert verloren. Damit hatte er Anfang 2011 in Deutschland noch eine Kaufkraft von 82 Cent, in Frankreich weniger als 81 Cent und in Spanien sogar nur knapp 71 Cent. Selbst ein an sich reiches Land wie Österreich weist im Jahr 2011 eine Neuverschuldung von 27 Prozent aus. Das heißt, dass in der Alpenrepublik 205,2 Milliarden Euro fehlen. Das würde heruntergebrochen auf jeden Einwohner unglaubliche 25.650 Euro bedeuten. Hauptverantwortlich für diese Misere sind die fällig werdenden Außenstände der Österreichischen Bundesbahnen und öffentlichen Krankenanstalten sowie die zuletzt erfolgte Rettung einiger Bankinstitute.

Jedes Jahr, das nun beginnt, könnte das wärmste aller Zeiten werden. Aufsehen erregten ja bereits 2010 die unglaublichen, in Pakistan gemessenen 53,3 Grad Celsius. Zwischen 1997 und 2008 lagen die wärmsten zehn Jahre seit Beginn der Temperaturaufzeichnung im Jahre 1880. Dabei hätte es dieses bedenklichen Beweises für den Klimawandel und die Erderwärmung gar nicht mehr bedurft.

Wenn die Folgen bloß etwas höhere Temperaturen wären, könnten die meisten von uns bestimmt ganz gut damit leben, doch nun drohen Wetterextreme mit immer verheerenderen Naturkatastrophen. Dazu gehört auch das steigende Tempo des Jetstreams, ein Windband, das in acht bis zehn Kilometern Höhe mit rund 600 km/h um den Erdball weht. Daher ist es nur allzu verständlich, dass die Umweltschützer vehement fordern, die Erde und das Weltklima zu schützen.

Der UNO-Klimagipfel im Dezember 2010 in Cancún ergab zumindest ein paar greifbare Resultate. Die Delegationen der 194 Teilnehmerstaaten schafften es immerhin, ihre Vorstellungen zum Schutz der Wälder etwas zu konkretisieren: Zahlungen der Industriestaaten an die Entwicklungsländer und die Überwachung von Reduktionszielen. Leider genügen diese Maßnahmen aber bei weitem noch nicht, um das Weltklima zu retten.

Das eigentliche Ziel liegt noch immer in weiter Ferne. Denn das wäre eine vernünftige Basis für ein Kyoto-Nachfolgeabkommen. Ende 2011 geht es mit der Klimakonferenz im südafrikanischen Durban in die nächste spannende Runde. Allerdings wäre ein rascheres Handeln wünschenswert gewesen, denn bereits jetzt ist es fünf Minuten vor zwölf. Die schlechte Nachricht dazu ist, dass das Kyoto-Protokoll mit den verbindlichen Zielwerten für den Ausstoß von Treibhausgasen in den Industrieländern bereits 2012 ausläuft. Daher forderte Anfang 2011 Felix Finkbeiner, der erst 13-jährige deutsche „Plant-for-the-Planet-Gründer“ vor der UNO in New York endlich Taten. Anlass war das für 2011 ausgerufene Jahr der Wälder.

Das Kapitel „Menschen, Wunder, Visionen“ widmete sich den bedeutendsten Bauwerken und Konstruktionen in der Geschichte der Menschheit. In diesem Zuge war auch einiges über neuzeitliche Errungenschaften und Visionen zu erfahren. An dieses hochinteressante Thema, das auf unser aller Leben Einfluss hat, soll nun hier angeschlossen werden. Das Massachusetts Institute of Technology veröffentlicht jedes Jahr Technologien, die in den nächsten Jahren die Welt verändern könnten. Und das deutsche Magazin FOCUS hat sie unter die Lupe genommen.

Der Atomic Magnetometer, eine Entwicklung des amerikanischen Physikers John Kitching, misst als kleines, kompaktes und präzises Gerät die Veränderung von Magnetfeldern in seiner Umgebung. Soldaten können diesen äußerst praktischen, sensorischen Detektor auf ihren Einsätzen mitnehmen, um Sprengsätze und Landminen aufzuspüren.

Nur aus einem einzigen Nanoröhrchen bestehen die Radios von Axel Zettel. In Handys oder Computer eingebaut, wären sie in der Lage, den Energieverbrauch drastisch zu senken. Diese Technologie könnte aber auch als Sensor in Blutgefäße implantiert werden, um den Zuckerspiegel zu messen und dort bei Bedarf gleich Insulin freizusetzen. Diese Tubes sind übrigens Röhrchen mit einem Durchmesser von weniger als 100 Nanometer. Manche von ihnen sind damit nur 1/10.000 so dünn wie menschliches Haar.

Neurowissenschaftler Jeff Lichtman‘s „Landkarte des Gehirns“ kann aktive Nervennetze einfärben. Schließlich war es bisher ein ziemliches Problem, die Entstehung und Regulierung von Nervennetzen zu identifizieren. Mit dieser Methode können nun erstmals ganze Nervennetze sichtbar gemacht und „Landkarten“ über die Kreisläufe des Gehirns erstellt werden.

„Reality Mining“ nennt Professor Sandy Pentland vom Massachusetts Institute of Technology sein aktuelles Forschungsgebiet. Dabei untersucht er, wie man über die Benutzung elektronischer Geräte Aussagen über Personen treffen kann. Mittels Handy lassen sich auf diese Weise soziale Kontakte, Analysen der Gemütslage oder die Voraussage von Krankheiten offenlegen. Dadurch wird es möglich, Lebensmuster der Menschen wiederzugeben und hilfreiche Schlüsse daraus zu ziehen.

Der Physiker Marin Soljacic vom Massachusetts Institute of Technology widmete sich dem Prinzip der sogenannten Resonanzkopplung mit einem 10 Megahertz-Magnetfeld. Dadurch können schon bald Glühbirnen drahtlos mit Strom versorgt sowie Laptops und Handys ohne Kabel aufgeladen werden. Der dazu benötigte Strom wird praktisch aus der Luft generiert (siehe auch Proximity-Effekt).

An einer Verkehrsvorhersage der anderen Art wird derzeit von Microsoft gearbeitet. Und zwar an SmartPhlow, einem System, das unerwartete Ereignisse erfasst. Derzeit beschränkt es sich auf den Verkehr von Seattle, doch Eric Horvitz ist sich als Leiter der Abteilung für Adaptive Systeme sicher, dass man damit auch Wahrscheinlichkeiten bei politischen Konflikten, Unfällen, Wetter, Ferien, Sportereignissen und Börsenkursen berechnen kann.

Hinter „Pflanzen im Tank“ stecken neue Enzyme, die Pflanzen so zersetzen können, dass sich Emissionen von Verbrennungsmotoren bis zu 97 Prozent senken lassen. Francis Arnold, Expertin für Biochemie und Proteindesign bei Caltech, hat eine Methode entwickelt, um solche neuen Enzyme zu entwickeln. Auf diese Weise könnten Biotreibstoffe die fossilen Energieträger auf Sicht gesehen komplett ersetzen.

Schon lange wird von Wissenschaftlern und Halbleiterproduzenten eine Alternative zu Silizium gesucht. Dieses Material, das seit Jahrzehnten jeden Computer betreibt, hat schon bald seine Grenzen erreicht. Walter de Heer vom Georgia Institut of Technology stellte Graphen als möglichen neuen Halbleiter vor. Dabei handelt es sich um einen Bestandteil von Graphit, wie es in Bleistiften eingesetzt wird. Allerdings besteht Graphen aus ultradünnen Kohlenstoffschichten. Die Elektroden bewegen sich nahezu ohne Widerstand durch die graue Masse und produzieren daher auch kaum Hitze - ganz im Gegensatz zum altbekannten Silizium.

Als wahres Superhirn könnte sich ein Rechner auf Basis der Erbsubstanz von Lebewesen, der DNA, erweisen. Und zwar mit der Fähigkeit, gigantische Datenmengen zu verarbeiten. Ersten Berechnungen nach wäre ein 1-Liter Rechner in der Lage, mit rund sechs Gramm DNA 3072 Exabyte an Daten zu speichern. Bis es soweit ist, müssen allerdings noch einige technische Hürden überwunden werden, da es Voraussetzung ist, der Erbsubstanz elektronische Komponenten vorzuschalten.

Heute noch Vision und morgen schon Wirklichkeit könnte die 3D-Krankenakte sein. Und zwar dann, wenn Sie beim Arzt statt einem Krankenbericht aus Papier eine perfekte 3D-Darstellung Ihres Körpers erblicken. In einem glasklaren Hologramm kann sich der Mediziner dabei problemlos durch Ihre Organe und deren Zustand klicken. Zugleich werden alle bisherigen Befunde angezeigt.

Ein weiteres Kuriosum der Zukunft ist „Kleidung aus der Spraydose." Dabei handelt es sich um eine Idee, hinter der Manel Torres, ein Modedesigner aus Spanien, steckt. Gemeinsam mit dem Partikeltechnologen Paul Luckham vom Imperial College in London entwickelte er ein T-Shirt, das aus der Spraydose kommt und somit wie angegossen sitzt. Dieses Wundertextil wird „Fabrican" genannt und wurde kürzlich auf der Londoner Fashion Week zum ersten Mal vorgestellt.

Frank Baldus hat mit den „Cronenberger Rangern" aufgrund der heutigen Trends versucht, den Gang der Welt als Denkmodelle für die nächsten 100 Jahre vorzuzeichnen. Trotz teilweise bedenklicher Entwicklungen soll damit ohne Panikmache die Vision eines realistisch erreichbaren Zieles für die Menschen geschaffen werden. Ein Ziel, bei dem allerdings noch viele harte Prüfungen am Weg liegen, bevor sich die Vernunft schlussendlich durchsetzen kann.

Aktuellen Einschätzungen zufolge wird es künftig Familienwohnparks an den Stadträndern geben - mit zusammengehörigen Wohneinheiten für 5-15 Familien, die dort in einer familiären Nachbarschaft zusammenleben. Da eine Weiterverwendung meistens vernünftiger ist als abreißen und neu bauen, werden für diese neuen Wohnmodelle Altbauten entsprechend saniert. Dabei handelt es sich um ein weltweit erfolgreiches Wohnmodell, das einen Ersatz für die frühere Großfamilie darstellt. Obwohl jede Familie über eine eigene Wohnung verfügt, werden dennoch viele Dinge gemeinsam gemacht. Dazu gehören beispielsweise die Beaufsichtigung der Kinder und die Betreuung älterer Menschen. Das Waschen, Putzen oder Kochen erfolgt im Wechsel, um sich gegenseitig mehr Freizeit zu verschaffen.

Für einen Vierpersonenhaushalt wird im Jahr 2100 eine Wohnfläche von weniger als 100 m² beansprucht. Dafür ist keine Miete erforderlich, da dieser Wohnraum zur Grundversorgung gehört. Wer mehr haben will, muss dafür bezahlen. Die meisten Menschen finden allerdings mit dieser Basis ihr Auslangen, da es nicht reizvoll erscheint, für eine größere Wohnung mehr Arbeit und Freizeit aufwenden zu müssen. Das Haus der Zukunft erzeugt übrigens mehr Energie als es verbraucht.

So wird auch das Umziehen „mitsamt dem Haus“ zur spannenden Zukunftsperspektive, da bereits 2011 das Rosenheimer Solarhaus vorgestellt wurde. Mit Hilfe eines flexiblen Raumsystems kann hier die gesamte Wohnfläche ideal ausgenutzt werden. Die Konstruktion in modularen Raumzellen aus einem Holzskelett ermöglicht es, das Gebäude mit hohem Vorfertigungsgrad an verschiedenen Standorten zu positionieren und innerhalb weniger Tage zu montieren. Die Photovoltaikanlage auf dem Dach erzeugt vier Mal mehr Strom, als die Bewohner brauchen. Siehe solar-decathlon-fh-rosenheim.de

Übrigens ist Wohlstand 2100 weitaus weniger besitzorientiert als in unserer Gegenwart. Zugleich soll die Produktion von Waren und das Angebot zeitgemäßer Dienstleistungen unser Leben verbessern. Nur muss bei der Messung aller wirtschaftlichen Erfolge auch der Verbrauch an Naturkapital und Umweltschäden berücksichtigt werden. In vielen Ländern sorgt bereits heute das Wachstum für Schäden, die den Nutzen bei weitem übersteigen. Das heißt, dass sich die Wirtschaft zunehmend auch an die ökologischen Vorgaben anpassen muss. In den reichen Industriestaaten sind seit den 1970er Jahren die Kosten des Wachstums schneller gestiegen als die Erträge. Somit stagniert im Grunde das tatsächliche wirtschaftliche Wohlergehen. Zugleich wird die sinnvolle Nutzung von Naturkapital auf Dauer nicht ohne festgesetzte Obergrenzen funktionieren.

Auch die Rolle des Geldes wird künftig zu überdenken sein. Ursprünglich wurde es in Form von Münzen geschaffen, um das Tauschen zu erleichtern. Dadurch blieb es den Händlern erspart, immer Unmengen an Waren herumzuschleppen. Heute sind weniger als ein Zehntel des im Umlauf befindlichen Geldes tatsächlich noch Münzen oder Banknoten, da der Rest als sogenanntes „Buchgeld“ kursiert. Das ist die online vorhandene und unkontrolliert wachsende Geldmenge. Losgelöst von wirklichen Werten ist es an Kredite gekoppelt und übt auf die Welt einen starken Wachstumsdruck aus. Der materielle Reichtum der industriellen Welt hat die Menschen dabei nicht in gleichem Maße glücklicher gemacht.

Blankes Erstaunen würde heute auch das Angebot eines Supermarktes und Kühlschrankinhaltes der Zukunft auslösen. Zu den rund 20 Pflanzenarten, aus denen schon zuvor 90 Prozent der Nahrung bestehen, kommen später noch weitere 40 Arten dazu. Dabei handelt es sich aber um keine exotischen Früchte aus fernen Ländern, sondern um Pflanzen aus der subtropischen Klimazone, die sich inzwischen auch auf Mitteleuropa ausbreiten wird. Dadurch entstehen Grassamen, die wie Getreide verwendet werden. Auf diese Weise erhalten wir kultivierte Wildgemüse, Knollen, Blüten und Samen der unterschiedlichsten Pflanzen, die früher aus Nordamerika und Asien eingeführt werden mussten.

Zugleich zeichnet sich ein Trend ab, der uns zurück an den gemeinsamen Esstisch bringt. „Community cooking“ sorgt zunehmend für Gemeinsamkeit und Zusammengehörigkeit. Und das einer Welt der Individualisierung und „Singleisierung“ zum Trotz. Allmählich wird erkannt, dass essen und sich ernähren doch mehr ist, als bloße Kalorienaufnahme. Geborgenheit, Wärme, Zuneigung, gegenseitiger Austausch und soziales Engagement erlangen dabei große Bedeutung.

Im Zusammenhang damit steht auch das sogenannte „Guerilla gardening,“ bei dem lokale Aktivisten brachliegende Flächen im urbanen Raum mit Samen bestücken. Entsprechend den Bedingungen der verschiedenen Standorte (sonnig, schattig, trocken, feucht) werden auf diese Weise verschiedene (Nutz-)Pflanzen angesät. Alternativ dazu wird aber auch Fleisch im Labor gezüchtet, da die enormen, für die Futtermittelproduktion benötigten Flächen auf Sicht gesehen nicht mehr zur Verfügung stehen. Auch in Österreich erzeugten die Bauern jahrelang mehr Getreide als im Inland gebraucht wurde. Da Getreide inzwischen zunehmend für Industriezwecke verwendet wird, hat das Land bereits einen negativen Selbstversorgungsgrad, wie Raiffeisen Ware Austria 2011 mitteilt. Infolge des Industriebedarfs sind nun beträchtliche Importe erforderlich.

Für den ständig wachsenden Anbaubedarf des Tierfutters wird 2011 bereits täglich eine Fläche von rund 36 Fußballfeldern Regenwald gerodet. Aus Gesundheits- und Klimaschutzgründen, aber auch aus solidarischen Überlegungen untereinander, sollten unsere Teller der Zukunft daher vorwiegend

„grün“ sein. Das bedeutet viel Gemüse und wenig Fleisch. Unsere Gesundheit würde es jedenfalls danken, da viele chronische Leiden eindeutig von zu wenig Obst und Gemüse und zu viel Fleisch kommen.

Es gibt auch schon eine Vorsorge für den Tag X. Auf Spitzbergen/Norwegen werden im Svalbard Global Seed Vault in 210 Meter Tiefe Millionen Samenproben der wichtigsten Nutzpflanzen aufbewahrt. Dies soll zur Erhaltung der genetischen Diversität für künftige Generationen dienen (http://tinyurl.com/3aoaok).

Ray Kurzweil, einer der bekanntesten Erfinder der Gegenwart meint, dass wir künftig geklontes Fleisch aus Fabriken essen werden, ohne auch nur ein einziges Tier schlachten zu müssen. Nach den zahlreichen Lebensmittelskandalen wollen allerdings schon heute viele Menschen zunehmend auf Fleisch verzichten und dafür mehr biologisches und gentechnikfreies Obst und Gemüse essen. Kein Wunder, wenn man bedenkt, dass derzeit gut ein Drittel des meist gentechnikverseuchten Tierfutters aus der Dritten und Vierten Welt stammt. Damit wäre auch das Klimaproblem mit einem Schlag gelöst, da 10 Prozent weniger Fleisch in den Industrieländern die Treibhausgase in gleichem Maße reduzieren würden, wie auch die Ausschaltung sämtlicher Verbrennungsprozesse einschließlich des Verkehrs.

Zum Jahrtausendwechsel erklärte die Staatengemeinschaft noch, den Hunger bis 2015 weltweit halbieren zu wollen. Heute warnen UN-Experten bereits vor einem bevorstehenden „Jahrhundert des Hungers.“ Während derzeit etwa ein Sechstel der Menschheit zu wenig zu essen hat, kann man davon ausgehen, dass sich diese Lage weiter verschlimmert. Vor allem die armen Länder des Südens sind davon betroffen. Und das hängt mit dem schon erwähnten Schwund der Ackerflächen als Folgen einer fatalen Kombination aus Misswirtschaft, Umweltzerstörung und Klimawandel zusammen. Dabei spielen aber auch die immer knapper werdenden Wasserressourcen und die rasant wachsende Weltbevölkerung eine große Rolle. Bis 2030 würden wir die doppelten Erntemengen wie bisher benötigen, um alle Menschen ernähren zu können.

Noch dazu verändern sich die Ernährungsgewohnheiten global, da in Ländern, wie zum Beispiel China, in denen früher wenig Fleisch gegessen wurde, nun auch hier der Bedarf ansteigt. Mit den Anbauprodukten, die für die Fütterung der benötigten Schlachttiere erforderlich sind, könnte man wesentlich mehr Menschen ernähren als mit dem erzeugten Fleisch. Kontraproduktiv wirkt sich dabei auch der neue Trend aus, dass Feldfrüchte zunehmend als Treibstoffe, anstelle von Nahrung angebaut werden.

Zu einem weiteren spannenden Thema entwickelt sich die Mobilität der Zukunft. Vermutlich werden sich viele dabei mit großem Interesse fragen, wie wohl die Zukunft des Autos aussieht. Schon heute wird Rohöl immer knapper und die Förderung ständig teurer. Wie die Ölkonzerne mitteilen, müssen immer schwierigere Lagen (großteils in politisch instabilen Regionen) angezapft werden. Dennoch reichen die Reserven an fossilen Brennstoffen nur noch rund 40 Jahre aus. Und das obwohl die Zulassungszahlen für Kraftfahrzeuge weltweit explodieren, wenn man nur an den aufstrebenden Wachstumsmarkt von China, aber auch an Indien und Teile Südamerikas denkt.

Zugleich ist ein weltweiter Trend zur Verstädterung erkennbar, der sich in Zukunft noch weiter verstärken wird. Diese unaufhaltsame Entwicklung heizt auch die Feinstaubdebatte mächtig an und setzt die Politik unter Druck. Schon in nächster Zeit muss mit Fahrverbotszonen und Citymaut für Benzin- und Dieselfahrzeuge gerechnet werden. Dieser Umstand fördert die abgasfreie E-Mobilität, sprich „Null-Emmissions-Autos." Einer neuen Idee zufolge will die EU-Kommission alle PKW mit Benzinmotoren sukzessive aus den Innenstädten verbannen. Bis 2030 soll die Anzahl der Benzinkutschen bereits halbiert sein, und ab 2050 müssen konventionell betriebene Autos der City gänzlich fernbleiben. Dann haben nur mehr saubere Elektroautos freie Fahrt nach Downtown. Umfangreiche staatliche Förderprogramme für Forschung, Entwicklung und Infrastruktur sorgen für eine zusätzliche Beschleunigung dieses Trends.

Die EU sieht derzeit am Verkehrssektor kaum Chancen, vor 2030 weniger Energie zu verbrauchen. Dennoch sollen die Treibhausgase bis dahin um 35 Prozent reduziert werden. Im Gespräch ist hier auch immer wieder die zukünftige CCS-Technologie. Darunter versteht man die Abscheidung und Lagerung von CO^2, indem das CO^2 in den Schornsteinen der Kraftwerke aufgefangen und unterirdisch entsorgt wird. Das Hauptanwendungsgebiet soll dabei die Klima schonende Nutzung fossiler Rohstoffe bei der Stromerzeugung in Kraftwerken werden.

„Und wie wird man die immer mehr werdenden Autos, sprich, die immer bedenklichere Verkehrsexplosion, in den Griff bekommen? werden Sie jetzt vielleicht fragen. Schon heute ist mit „Verkehrstelematik“ eine zeitgemäße Technologie zur Lenkung von Verkehrsströmen im Einsatz. In Österreich erheben mehr als 2.000 Sensoren entlang der Autobahnen und Schnellstraßen verkehrsrelevante Daten wie Verkehrsdichte, Fahrbahnbeschaffenheit oder Witterung. All diese Informationen werden vollautomatisch analysiert und den Verkehrsteilnehmern auf der Strecke zur Verfügung gestellt. So wird auch jeder Unfall von den Sensoren registriert, da diese sofort erkennen, wenn der Verkehrsfluss langsamer wird oder gar zum Erliegen kommt. Dann drosselt die Anlage vollautomatisch und schrittweise die Geschwindigkeit, um Auffahrunfälle zu verhindern. Auf diese Weise werden immer mehr und bessere Info-Systeme für optimalen Service und Verkehrssicherheit auf den Straßen sorgen.

Während Benzin und Dieselöl (auch aus Raps) nahezu unerschwinglich werden, avanciert auf Sicht gesehen der spottbillige und steuerfreie Wasserstoff - neben den Elektrofahrzeugen - zum häufigsten Energieträger für Kraftfahrzeuge. Sämtliche Autos sind in der Zukunft auf 130 km/h begrenzt. Wer sich dem Rausch der Geschwindigkeit hingeben möchte, fährt Bahn oder „Cyber Tran.“ Abstandswarner und Spurassistenten helfen zunehmend als „drittes Auge“, Autounfälle zu vermeiden. Diese intelligenten Kameralösungen unterstützen den Fahrer mit akustischen und visuellen Warnungen bei der Einhaltung des richtigen Abstandes und der Fahrspur. Mit dieser Unfallprävention soll Unachtsamkeit und Sekundenschlaf endlich ein Riegel vorgeschoben werden. Ferner avancieren treibstoffsparende, automatisierte Getriebe zum Standard der Zukunft. Und zwar speziell in Richtung „Planetengetriebe“ wie z.B. beim Toyota Prius, um den Kraftschluss der Reibungskräfte herzustellen.

Im Rahmen der Automesse Los Angeles beteiligten sich bereits im Jahr 2007 acht Autohersteller mit Konzeptstudien am Wettbewerb „RoboCar 2057 Design Challenge.“ Die futuristischen Entwürfe sollten aufzeigen, wie sich die Menschheit in fünfzig Jahren fortbewegen wird.

Das Creativ-Team von Mercedes Benz schuf hier mit der Studie „Silverflow“ ein Fortbewegungsmittel, das bei Bedarf seine Form verändert. Zum Parken kann sich dieses Fahrzeug überaus platzsparend in einen Brocken aus magnetischem Metall zurückverwandeln. Im „Montonari RX“, das wie ein formbarer Karbonanzug aussieht, lässt Mazda hingegen den Fahrer mit dem Fahrzeug quasi verschmelzen. Und VW wiederum stellte den zweirädrigen

„Slipstream“ vor, der sich im dichten Stadtverkehr aufrecht durch die Automassen schlängeln kann. Auf der Autobahn kippt er dann in die Horizontale und gibt so richtig Gas.

Zum 125-Jahr-Jubiläum präsentierte VW 2011 den XL1-Prototyp als „Null-Komma-Liter-Auto“ in Katar, einer Region, in der das Öl vorerst noch kräftig sprudelt. Auf der dortigen Motorshow gab es den Traum vom sparsamsten aller sparsamen Automobile zu sehen. Und zwar das „Einliter-Auto“ als Meisterwerk zeitgenössischer Ingenieurskunst. Damit ist allerdings nicht der Hubraum, sondern der Verbrauch gemeint. Genauer gesagt 0,91 auf 100 km. Es handelt sich um einen 48 PS Plugin-Hybrid mit Dieselmotor, der es in 11,9 Sekunden auf 100 schafft und offensichtlich eine große Wende der Automobilwirtschaft einleitet. Schon in zwei Jahren soll er in Kleinserie für Technik-Fans zur Verfügung stehen.

Im Szenario der Zukunft wird das inzwischen überaus kostbare Erdöl nur mehr in minimalen Dosen verbraucht. Die Zusatzaufladung erfolgt mit elektrischer Energie. Unterstützt wird das Hybridkonzept durch Leichtbaumaterialien wie Kohlefaser. Finales, bereits zum Greifen nahes Ziel der Studie XL1 ist ein vollwertiges, alltagstaugliches Auto mit 1,0 Liter Treibstoffverbrauch.

Totale Mobilität ist künftig ein zentraler Bestandteil unseres Lebens. Ganz egal, ob es sich dabei um die obligaten Kurzstrecken in die Schule, zur Arbeit, in den Supermarkt oder um die längere Urlaubsreise handelt. Ein billiger Transport zu Erde oder in der Luft ist dazu Voraussetzung. Die Forderung nach günstigem Treibstoff und leistbaren Flügen entwickelt sich daher immer stärker zu den Grundrechten der Menschheit. Um diesen Bedarf auf soziale und umweltfreundliche Weise lösen zu können, benötigt man aber auch energieeffiziente Transportmittel.

Zugleich ist eine zukunftsweisende Optik und Aerodynamik der Straßen- oder Luftflitzer gefragt. Fortschrittliche, leichte Kunststoffe werden die Designer bei der Entwicklung dieser Fortbewegungsmittel mit geringem Energieverbrauch unterstützen. Dennoch müssen sie haltbar und überaus widerstandsfähig sein. Die Kombination Kunststoff und Metall erlangt als Hybridmaterial große Bedeutung. Zugleich wird man auch immer öfter bislang schweres Glas, zum Beispiel für Scheinwerfer, Rück- und Seitenscheiben, mit leichten Kunststoffen ersetzen.

Bei der Motorentechnik erfolgt eine deutliche Verbesserung der Umweltfreundlichkeit. Dieses Ziel lässt sich mit Wasserstoff, der für die benötigte Power sorgt, erreichen. Der Zukunftsforscher Ray Hammond informiert uns, dass 2030 drei Liter Treibstoffverbrauch auf 1500 Kilometer ganz normal sind. Aber auch Treibstoff aus Algen könnte künftig eine unerschöpfliche Energiequelle darstellen, wenn es gelingt, die derzeit noch sehr hohen Produktionskosten auf ein wirtschaftliches Maß zu reduzieren.

Der französische Motorenkonstrukteur Guy Nègre hingegen hat es sich zum Ziel gesetzt, die Menschheit mit dem billigsten Rohstoff der Welt voranzubringen. Seiner Vision nach soll Luft, genauer gesagt Druckluft, der Motor für die Autos der Zukunft sein. Seine Prototypen, Mini-Vans für Taxi- und Kurierdienste, haben den Testlauf bereits erfolgreich absolviert. Bei einer Geschwindigkeit von max. 100 km/h reichten zwei Euro für eine Strecke von 200 Kilometern aus.

Auch der schon lange währende Traum von fliegenden Autos ist mit dem „Terrafugia Transition“ bereits wahr geworden. Dieses Flugauto aus Kohlefaser wird schon in Serie produziert und von einem 104-PS-Kolbenmotor angetrieben. Dem 600 kg-Leichtgewicht genügt eine Startbahn von 500 Metern. Die Fluggeschwindigkeit beträgt bis zu 185 km/h, und auch die Reichweite kann sich mit 740 Kilometern durchaus sehen lassen. Auf der Straße klappt der Flügelflitzer seine Tragflächen zweifach ein und ist dort immerhin noch 105 km/h schnell, wenn der Propeller den Antrieb auf die Vorderachse schaltet. Mit einer entsprechenden Lizenz (20 Flugstunden) ist der Flugbetrieb in den USA bereits möglich. Bis Ende 2011 sollen von dieser in der Türkei produzierten US-Erfindung 300 Exemplare zu je 160.000 Euro verkauft werden.

Ja, selbst für einen zeitgemäßen Tretbootersatz ist mit dem Elektrobetriebenen Propeller-Modell „Ego Compact“ schon gesorgt. Dabei handelt es sich um ein Mini-U-Boot, bei dem zwei Schwimmkörper eine runde Tauchzelle halten, in die man ein paar Stufen hinabsteigen kann. Den Innenraum mit einer Kabine für zwei Personen umgeben hohe, zwei Zentimeter dicke Acrylglasscheiben. Dieses südkoreanische Produkt, das mit einer Batterieladung acht Stunden auskommt, kann somit auch Nichtschwimmern die Unterwasserwelt auf anschauliche Weise erschließen. Vor allem für Ferienressorts könnte es der große Hit werden.

Rund sieben Prozent des weltweiten Öl- und Gasverbrauchs dienen zur Herstellung von Kunststoffen, langläufig auch Plastik genannt. Das macht mehr als 150 Millionen Tonnen pro Jahr aus. Und diese gigantische Menge sorgt sowohl für ökologische als auch ökonomische Probleme. Da noch dazu das Versiegen der fossilen Brennstoffe absehbar ist, sind schon jetzt umweltschonende Alternativen gefragt. Allerdings konnte sich bislang die Gewinnung von biologisch abbaubarem Plastik aus nachwachsenden Rohstoffen, wie zum Beispiel Mais, noch nicht durchsetzen. Das Hindernis sind vor allem ethische Einwände gegen die Nutzung essbarer Pflanzen zur Kunststoffherstellung. Eine großräumige internationale Produktion für diesen industriellen Zweck würde die Nahrungsmittel zudem ziemlich verteuern.

Als unbedenkliche Lösung hingegen könnte sich künftig ein Polymer erweisen, das aus Lignozellulose hergestellt wird. Dieser Rohstoff lässt sich aus schnell wachsenden Bäumen oder Gras gewinnen, was keinen Verzicht auf Lebensmittel verursacht. Dieses Verfahren verbraucht nur wenig Energie und Wasser und sollte mit den Erdölprodukten auf Dauer konkurrieren können.

Trotz ständig steigendem Stromverbrauch lässt die Energieversorgung der Zukunft dennoch Hoffnung aufkeimen. Die im März 2011 infolge eines verheerenden Tsunamis in Japan erfolgte Atomkatastrophe, hat international einiges Umdenken ausgelöst. Die massiven Probleme am Rande der Kernschmelze in allen sechs Reaktorblöcken im AKW Fukushima bei Tokio haben die Welt aufgeweckt. Jahrelang bemühte sich die Ökostrombranche zuvor beharrlich, die Verantwortlichen davon zu überzeugen, wie sinnvoll der Ausbau Erneuerbarer Energien ist. Ein scheinbar vergebliches Unterfangen.

Doch, nach diesem atomaren Zwischenfall in Japan ging plötzlich alles ganz schnell voran. Noch im gleichen Monat präsentierte der österreichische Energieminister Berlakovich einen Begutachtungsentwurf zur Novelle des Ökostromgesetzes und meint dazu: „Mein Ziel ist ein energieautarkes Österreich. Ich will, dass Österreich unabhängig von den Öl-, Gas und Atomlobbys wird. Das ist machbar: Bis 2050 können wir Österreich zu 100% mit sauberer heimischer Energie versorgen.“

Direkt beschaulich mutet die von den Cronenberger Rangern erstellte Perspektive an, dass die von uns benötigte Energie künftig in einem parkeigenen Windrad und einer kleinen Biogasanlage, die der Dung von beispielsweise zwei Pferden und Kühen speist, erzeugt wird. Die wenigen Siedlungen, die über keine eigene Energieversorgung verfügen, sind an das weltweite Stromversorgungsnetz angeschlossen. Dieses wird zu 83 Prozent mit internationalem Solarstrom versorgt. Der Rest kommt aus Osmose-Kraftwerken, die den Stromfluss zwischen Salz- und Süßwasser an den Küsten nutzen - aber auch aus Windparks, Zapfstellen für Erdkernwärme, Wasserkraftwerken u.s.w.

Die Gewinnung der Windenergie wird sich aus Platzgründen zunehmend auf die Meere ausbreiten. Eine einzige Windkraftanlage erspart einen CO^2-Ausstoß, wie ihn 1.500 Autos abgeben. Neben dem Umstand, dass hier kein schädliches Kohlendioxid freigesetzt wird, stehen erneuerbare Energiequellen auch noch unerschöpflich zur Verfügung.

Ein „Intelligentes Stromnetz“ (engl. Smart Grid) gibt es in manchen Städten schon heute. Es umfasst die kommunikative Vernetzung und Steuerung von Stromerzeugern, Speichern, Verbraucher und Netzbetriebsmitteln in den Verteilungsnetzen der Elektrizitätsversorgung. Dadurch wird eine Optimierung und Überwachung der miteinander verbundenen Komponenten erreicht. Auf diese Weise soll schon jetzt die Energieversorgung auf Basis eines effizienten und zuverlässigen Systembetriebes sichergestellt werden. Österreich ist auf diesem Gebiet europäischer Technologieführer. Weltweit wird diese Technologie von IBM engagiert mit dem Projekt „Smarter Cities“ unterstützt.

Die EU-Kommission fordert aber auch massive Investitionen in den Klimaschutz und verlangt bis 2050 eine deutliche Steigerung der Energieeffizienz. Zugleich will Europa den Schadstoffausstoß bis zur Mitte unseres Jahrhunderts um mehr als 80 Prozent reduzieren. Die Umsetzung dieses ambitionierten Vorhabens hat natürlich auch seinen Preis. Die Bürger und die Wirtschaft Europas werden mit jährlich rund 270 Milliarden Euro zur Kasse gebeten. Bis 2050 macht das die stolze Summe von rund 10,8 Billionen Euro aus. Neben dem Klimaschutz sollen dabei auch entsprechende Alternativen zu den immer teuer werdenden Energieträgern Öl und Gas sowie neue Arbeitsplätze geschaffen werden. Einen interessanten Aspekt beschreibt dabei der Umweltökonom Prof. Stefan Schleicher: „Jedes Gebäude in Europa kann und muss Energie-autark werden.“

Der künftig zu erwartende hohe Anteil direkten Solarstroms wird nicht ohne internationale „Economy Zones“ erreichbar sein. Dabei handelt es sich um gigantische Solarparks in sonnenreichen Wüstengebieten. Einerseits wird dort Wasserstoff erzeugt und durch Pipelines überallhin befördert und andererseits generiert man Elektrizität für das weltweite Stromnetz. Anfang 2011 präsentierte ja bereits der österreichische Umweltminister ein Konzept, wie auch das kleine Alpenland ohne Zukauf fremder Energie problemlos überleben könnte.

Damit es nicht bei hohlen Politfrasen bleibt, arbeiteten an der Studie 15 Top-Experten mit. Der Umweltminister ist von der „Feasibility Study der Fakultät für Bauingenieurswissenschaften“ begeistert. Diese besagt nämlich, dass wir bis 2050 eine Energie-Unabhängigkeit erreichen können und dass der Verkehr in 40 Jahren total elektrisch sein wird. Zugleich muss der öffentliche Verkehr wesentlich leistungsfähiger werden. Erfreulicher Weise bleibt die Atomkraft für Österreich weiterhin tabu. Würde man international geschlossen auf erneuerbare Energie setzen, könnte man auf Sicht gesehen auch weltweit darauf verzichten.

Ferner laufen an der University of the West of England bereits praktische Versuche, um aus Urin Energie zu gewinnen. Ja, Sie haben richtig gehört. Urin ist nicht nur ein simples Abfallprodukt des Stoffwechsels, sondern könnte sich auch zu einem wertvollen Rohstoff für die Stromerzeugung entwickeln. Da Urin reich an Stickstoff ist und Harnstoff, Chloride, Kalium und Bilirubin enthält, eignet er sich hervorragend für mikrobielle Brennstoffzellen. Laut Geraldine Botte, einer Wissenschaftlerin der Ohio University/USA ist es sogar wesentlich einfacher, Wasserstoffenergie aus Urin zu gewinnen als durch die Abspaltung von Wasser.

Und wie sieht es mit dem Internet aus? Sind wir da nicht ohnehin schon an den Grenzen des Möglichen angelangt? Bei weitem nicht, denn es wird bald Standard, ohne Hörer zu telefonieren und dabei den Gesprächspartner am Monitor sehen zu können. E-Mails tippen ist in Zukunft auch passé, da man diese nur mehr diktieren wird. Damit erhalten auch Analphabeten problemlosen Zugang zum Web. Jegliches Wissen der Welt ist in Sekundenschnelle kostenlos online abrufbar. Und das in jeder gewünschten Informationsdichte. Der Mensch wird allerdings in Zukunft sowohl konzentriertes Arbeiten als auch das Überfliegen von Informationen miteinander vereinbaren müssen. Auf diese Weise bildet sich eine neue Intelligenz, die sich dadurch auszeichnet, schnell an Informationen zu gelangen und damit eine Lösung für Probleme zu finden.

Bereits jetzt meint Google-Chef Eric Schmidt: „In naher Zukunft können wir Ihnen Vorschläge machen, was Sie als Nächstes tun sollten. Nie wieder werden Sie einsam oder gelangweilt sein. Wir wissen ja schon, wer Sie sind und was Sie mögen.“ Zu einem neuen Standard wird dabei die sogenannte „Infothek“, ein Mittelding zwischen Fernsehen und Internet. Die Steuerung dieser Geräte erfolgt dann mit Gedankenkraft oder bloßen Handbewegungen, ohne sonstigem Zubehör. Für 97 Prozent der Social-Networker ist dabei Facebook das Maß der Dinge. StudiVZ, Twitter, Myspace & Co kommen auf weniger als ein Prozent.

Die Wiener Planungsstadträtin Maria Vassilakou will sogar drahtloses Gratis-Internet für Plätze, Schanigärten, Fußgängerzonen und Einkaufsmeilen. Das betrifft nahezu alle Plätze in der Bundeshauptstadt, an denen Menschen verweilen. Zur Errichtung ist geplant, im Zuge einer Erneuerung der Straßenbeleuchtung WLAN-Sender auf die Masten zu schrauben. Das Budget in Millionenhöhe ist für dieses engagierte Projekt laut Vassilakou schon vorhanden.

Übrigens speichern, arbeiten und kommunizieren wir künftig immer seltener via lokal gespeicherten Programmen und Daten. Dazu dient uns nämlich zunehmend die Cloud (Wolke). Das sind IT-Infrastrukturen, die im Netz gespeichert und betrieben werden. Sie lassen sich dynamisch an den Bedarf anpassen. Die Verarbeitung der Daten mit den Anwendungen verblasst somit für den User gewissermaßen in einer Wolke. Und die Datenmengen dieser Cloud sind unermesslich. 2010 ging man davon aus, dass die Gesamtheit aller gespeicherten Daten auf 1,2 Millionen Petabyte angewachsen ist.

Dann gibt es noch Zettabyte und Yottabyte - jeweils 1000fach größer. Die Verschiebung jeder Aktivität ins digitale Netz sorgt für ein weiteres Ressourcenproblem, dessen man sich heute vermutlich noch nicht in vollem Ausmaß bewusst ist. Die Komplexität der Computer wird die Komplexität menschlicher Gehirne bei weitem übertreffen. Das ist spätestens dann der Fall, wenn Computer auch über ein eigenes Bewusstsein verfügen werden.

Alle zwei Jahre verdoppelt sich bereits die Anzahl der Schaltkreise eines Chips. Dabei vervierfacht sich dessen Arbeitsgeschwindigkeit und Leistungsfähigkeit. Heutigen Einschätzungen nach wird sich diese Entwicklung noch rund 13 Jahre fortsetzen. Dann werden dreidimensionale Chips sowie optische, auf Nano-Röhrchen, DNA oder Quantenbasis sowie holografischer Datenspeicherung beruhende Techniken erwartet. Dabei geht der PC-Trend verstärkt von Desktop-Rechnern zu Notebooks und Tablet-PCs. Der weltweite Umsatz mit Apps soll um 1000 Prozent auf 43 Milliarden Euro gesteigert werden. Immer mehr Zeitungen und Bücher werden digital auf mobilen Geräten gelesen. Dabei kommen auch zunehmend neue Eingabeformen wie Sprach- und Gestensteuerung zum Einsatz. Für iChat, Mail und Musik ist als Erweiterung der zweite, kabellose Bildschirm immer stärker im Kommen.

Allerdings steht uns mit all dieser Entwicklung auch eine neue digitale Bedrohung ins Haus, denn immer mehr moderne Cybergangster wollen an das Geld der Menschen. Mit ständig raffinierteren Methoden kapert eine neue Generation von Hackern Computer mit sogenannten Botnetzen und lukriert dabei Millionengewinne. Wie in „Wunderwelt WISSEN“ nachzulesen war, kontrollierte das Botnetz Mariposa (Schmetterling) rund 12,7 Millionen Computer in mehr als 190 Ländern, bevor es im Dezember 2009 aufflog. Internet-Hacker haben auch als Bestrafung im Juni 2011 die Webseiten von SPÖ und FPÖ lahmgelegt und teilweise mit dem Logo des weltweiten Hackernetzwerks „Anonymus“ verziert. In beiden Fällen wird nun vom Bundeskriminalamt und Bundesamt für Verfassungsschutz und Terrorismusbekämpfung ermittelt.

Künftig kann man auch mit der Assistenz elektronischer Einkaufs- und Shoppingberater rechnen. Ein passendes Outfit mit allen dazugehörigen Accessoires lässt sich via Webcam und Touch Screen beim Bekleidungskauf bereits in der Umkleidekabine zusammenstellen. Während man es sich bequem macht, sucht eine hilfsbereite Verkäuferin alles zusammen und bringt die neuen Stücke der Begierde direkt zur Kabine.

Nach der Jahrtausendwende setzte man engagiert - manche meinen auch völlig blind - auf die Vorteile der Globalisierung und Nutzung moderner Technologien. Die warnenden Stimmen der Naturschützer und Globalisierungsgegner fanden dabei kein Gehör. Der Fokus wurde auf die Problembereiche Wirtschaftswachstum, Arbeitsmarkt, Aktienkurse und die Kriegsschauplätze der Welt gerichtet. Daher kam es durch die Mitglieder verschiedener Naturschutz- und Menschenrechtsorganisationen schon bald zur Gründung von „Global Attac.“

Damit sollte der Schere zwischen Arm und Reich, dem islamischen Extremismus, der materialistischen Konsumgesellschaft und der Umweltzerstörung im Rahmen der Globalisierung Einhalt geboten werden. Bald darauf wurde als internationales Engagement „Safe Humans World“ von Millionen besorgter Menschen gegründet, um auf die Politik Druck auszuüben. Doch schon bald stellte sich heraus, dass die Macht der Wirtschaft hinter den Politikern wesentlich stärker als gedacht war und sich daher auch viel schwerer beeinflussen ließ.

Seit 2010 nimmt das Aussterben vieler Tier- und Pflanzenarten weltweit immer größere Ausmaße an. Zahlreiche Spezies verabschiedeten sich in freier Natur auf Nimmerwiedersehen. Andere wiederum werden zum Wohl der Menschheit gezielt vernichtet. Forscher entwickeln bereits ein Bakterium, das alle Moskitos vernichten soll. Wie Professor Brian Federici mitteilt, ist es zehn Mal effektiver als alle bekannten Bekämpfungsmittel und zugleich auch noch ökologisch unbedenklich. Japanischen Forschern wiederum ist es gelungen, Moskitos zu züchten, die neben den Malaria-Erregern auch die Impfstoffe in sich tragen. Auf diese Weise entwickelt ein gestochener Mensch so rapide Antikörper, dass er künftig immun ist. Weniger erfreulich hingegen ist die Aussicht, dass bis 2050 alle Korallenbestände zerstört sein werden. US-Forschern nach sind bereits jetzt 75 Prozent davon akut gefährdet.

Stellt man sich auf Basis aller derzeit vorhandenen Fakten ein globales Zukunftsszenario vor, kann man davon ausgehen, dass die Verlängerung der Klimakonventionen die Verringerung des CO^2-Ausstoßes nur minimal fördert. China hat die USA als Spitzenreiter mit dem höchsten CO^2-Ausstoß bereits abgelöst. Osteuropa - und hier allen voran Russland - setzt weiterhin auf den Bau völlig veralteter Atomkraftwerke und lässt seine Urwälder schonungslos von asiatischen Dienstleistern abholzen. Die riesigen öl- und radioaktiv verseuchten Landstriche in Sibirien werden dabei ziemlich ignoriert.

Die im Top 10-Ranking danach folgenden Umweltsünder sind Japan, Indien, Deutschland, Großbritannien, Kanada, Italien und Südkorea. Aller bisherigen Naturkatastrophen zum Trotz, sorgen nach 2012 noch verheerendere Stürme, Tsunami und abschmelzende Gletscher für Chaos und Verwüstung. Das Intergovernmental Panel of Climate Change (IPCC) der UNO geht 2011 von einem Temperaturanstieg um bis zu 4,5 Grad im Jahr 2100 aus.

Aber auch die Skandale um hochgiftige Stoffe in der Nahrung (wie 2011 der gefährliche EHEC-Keim) häufen sich und die Gentechnik wird infolge ihrer ersten Erfolge als Allheilmittel für alle „biologisch bedingten" Probleme der Menschheit angesehen. Noch dazu erschüttern internationale Terrorwellen verschiedener Extremistengruppen stets aufs Neue die Welt.

Als ein sehr bedeutsames, mit zahlreichen Voraussagen und Mythen behaftetes Datum wird der 21.12.2012 gehandelt. An diesem Tag werden Sonne, Erde und weitere Planeten unseres Sonnensystems in Konjunktion (in einer Reihe) zum Äquator unserer Milchstraße stehen. Diese galaktische Konstellation erfolgt nur alle 26.000 Jahre. Man vermutet, dass die Mayas dieses Phänomen bereits berechnen konnten, da ihr Kalender genau an diesem Tag endet und zugleich neu beginnt. Mit diesem Datum sind auch diverse Weltuntergangshypothesen verbunden. Aus astronomischer Sicht besteht allerdings kein Anlass zur Sorge.

Dennoch sagen Fachleute für diesen Tag extreme Sonnenstürme voraus. Es wird auch von einer erhöhten Fleckenaktivität auf der Sonne gesprochen. Dadurch wären Störungen im Magnetfeld der Erde bis hin zum Polsprung möglich. Die gute Nachricht ist jedoch, dass die Erde in ihren vermutlich mehreren Milliarden Jahren wohl schon einige solcher Polsprünge überstanden hat.

Im Kometenlied, dem berühmten Couplet aus der Posse „Lumpazivagabundus" (1833) von Johann Nestroy wird der Verfall der Welt und die Torheit der Menschen beklagt. Es sagt auch den Weltuntergang, hervorgerufen durch einen auf die Erde stürzenden Kometen voraus. Der Refrain davon lautet: „Die Welt steht auf kein' Fall mehr lang." In diesem Sinne gibt es neben dem 21.12.2012 noch weitere vier große Thesen mit esoterischem Hintergrund:

DIE JOHANNES-OFFENBARUNG

Bei der Offenbarung des Johannes (griech. Apokalypsis, deutsch „Enthüllung") handelt es sich um das letzte Buch des Neuen Testaments (81-96 nach Chr.). Die Historiker sind sich allerdings nicht einig, ob es sich beim Verfasser um den Apostel Johannes, der auch das Johannesevangelium schrieb, oder einen anderen frühchristlichen Propheten handelt. Die Niederschrift beinhaltet jedenfalls 16 Visionen, in denen Johannes offenbar Einblick in den göttlichen Plan erhielt. Sie gelten als Vorboten des Weltuntergangs.

Allerdings ist der Text auf symbolische Weise verschlüsselt. Es könnte sich dabei um eine Prophezeiung für die Entwicklung der Menschheit bis in unsere Zeit handeln.

PLANET X / NIBIRU

Für den geheimnisvollen Riesenplaneten X unseres Sonnensystems gibt es Überlieferungen vieler Namen. Die Sumerer bezeichneten ihn als den 12. Planet oder Nibiru, was so viel wie „vorüberziehender Planet" bedeutet. Die Babylonier und Mesopotamier nannten ihn Marduk, den König des Himmels. Aber auch die antiken Hebräer und die Griechen kannten diesen seltsamen Himmelskörper und gaben ihm ihre Namen. Sein jetziges Zeichen ist das mehrdeutige Symbol X als Crossing - Kreuzung und bedeutet zum anderen als X lateinisch 10. Es gibt Theorien, dass er sich mit seiner stark exzentrischen Umlaufbahn alle paar Jahrtausende ins Innere unseres Sonnensystems bewegt und dort mit seiner hohen Gravitation großes Unheil auf der Erde anrichten oder sie sogar vernichten kann.

DIE GALAKTISCHE SUPERWELLE

Der US-Forscher Paul A. LaViolette erläutert in seinem Buch „Die Botschaft der Pulsare", dass sich im Zentrum unserer Galaxis regelmäßig gewaltige Explosionen ereignen, die sich auch auf die Menschheit katastrophal auswirken können. Dabei ist von einem möglichen globalen Massensterben die Rede, wie es schon die Dinosaurier betraf. Der Erde wohlgesinnte Außerirdische könnten uns seiner Theorie nach allerdings mit ihren Pulsarsignalen vor der Apokalypse warnen. Der namhafte Astronom Mark Morris verwarf im Jahre 1988 LaViolette's Hypothese als bedeutungslos. Nach zehn Jahren intensiver Beobachtung meinte er jedoch: „Das Galaktische Zentrum explodiert ungefähr alle 10.000 Jahre, und diese Ereignisse dauern ungefähr 100 Jahre an."

APOKALYPSE CIAO

Der französische Bestsellerautor und Journalist Daniel Pinchbeck hat seine ganz eigene Sicht auf das angeblich bevorstehende „Katastrophenjahr." Als „2012: Time for Change" bezeichnet er das Ende des Maya-Kalenders in seiner preisgekrönten Filmdokumentation. Gerade jetzt sind wir aufgerufen, als Spezies Mensch endlich Rechenschaft über die Auswirkungen unseres Handelns und Denkens abzulegen. Dieser Zeitpunkt bedeutet aber nicht unseren Untergang, sondern die Geburt einer globalen, nachhaltigen Kultur. Infolge seiner Gespräche mit ökologischen und geistigen Vordenkern lässt

Pinchbeck das Bild einer positiven Zukunft entstehen, das allerdings das Ende der Welt, wie wir sie bisher kennen, bedeuten kann. Und das lässt auch Raum für so manche Hoffnung in den Herzen der Menschen.

Dennoch könnte es um 2022 infolge des akuten Wassermangels zu einem regional begrenzten Atomkrieg zwischen Indien und Pakistan kommen. Auch in anderen Teilen der Welt häufen sich die bewaffneten Konflikte, bei denen es großteils um Rohstoffe und Energieträger geht. Verstärkte Aggressionen sind infolge der Terrorkriege zwischen den USA und den arabischen Staaten zu erwarten. Aber auch zwischen China und Japan sowie zwischen Russland und den ehemaligen asiatischen Staaten der Sowjetunion kriselt es mächtig. Der Einsatz von geklonten, bewusstseinsreduzierten Soldaten erscheint ab 2022 als Perversion der Gentechnik durchaus realistisch.

Um 2024 eskaliert die Gefahr eines Dritten Weltkrieges bedenklich. Dieser wird sich aller Voraussicht nach nur äußerst knapp durch das massive Einschreiten und Zusammenwirken von UNO und allen Menschenrechtskommissionen der Erde verhindern lassen. Das alles entscheidende Gegenargument ist, dass ein Weltkrieg zu diesem Zeitpunkt weitaus schlimmere Folgen als alle bisherigen bewaffneten Konflikte der Weltgeschichte hätte. Und das wäre zugleich auch ein vernichtender Krieg gegen die Natur. Da ist es immer noch besser, gegen die eigene Unvernunft anzukämpfen, argumentiert die UNO.

Die Ursachen für die prekäre Krisensituation sind im labilen Zustand der Lebensgemeinschaft Erde zu suchen. Die bedrohlich ansteigenden Meere können nur mehr mit immer größeren und teureren Deichbauwerken aufgehalten werden. Dazu kommt das rasende Artensterben mit den damit verbundenen Kosten. Und zu guter Letzt die immense Seuchengefahr, der globale Wassermangel und schleichende Hungersnöte, die von knapp acht Milliarden Menschen verursacht werden. Schwindende Rohstoff- und Energiereserven verschlimmern die Krise zusätzlich.

Bereits jetzt entwickeln die USA eine zukunftsweisende, unsichtbare und tödliche Kriegswaffe. Und zwar einen unbemannten Tarnkappen Jet, der ab 2013 zum Einsatz kommen soll. Konkret handelt es sich dabei um die Geister-Drohne X-47B von Northrop Grumman. Diese Kampfmaschine schafft bis zu 1000 km/h und hat eine Flügelspannweite von 19 Metern. X-47B kann auf 12.000 Meter aufsteigen und 4000 Kilometer zurücklegen. Dabei befördert sie zwei Tonnen Bomben und Raketen. Aber auch bei Aufklärungsflügen in Krisengebieten wie Afghanistan leisten ähnliche Drohnen bereits gute Dienste.

Da sich die Küsten- und Grenzbewachung vom Boden aus als zu aufwändig erweisen, werden auch hier zunehmend unbemannte, fliegende Grenzpatrouillen eingesetzt. Sie sind wirksamer, großflächiger und vor allem billiger als Bodentruppen. Noch dazu überzeugt die Überlegenheit der Roboter gegenüber menschlichen Piloten, da elektronische Schaltkreise die Flieh- und Beschleunigungskräfte problemlos verkraften - ganz im Gegensatz zum sensiblen menschlichen Blutkreislauf. Dabei gibt es auch für den zivilen Einsatz dieser UAVs (Unmanned Aerial Vehicles) sinnvolle Einsatzbereiche, wie mit Videobildern Landkarten erstellen, nach Vermissten suchen, Kriminelle jagen, Umweltsünder stellen und bei Katastrophen helfen. GPS-gesteuerte Mini-Drohnen können bereits jetzt senkrecht landen und starten sowie lautlos in der Luft stehend verharren.

2025 könnte der Weltvertrag von Moskau als entscheidender Schritt für eine vollkommen neue Weltordnung sorgen. Nicht die Einsicht ökologischer Fakten, sondern vorrangig wirtschaftliche Gründe führen zu diesem Vertrag. Die stark gestiegenen Lebensmittelpreise, bedingt durch die Engpässe von Dürren, Überschwemmungen und der Vernichtung von Pflanzen als Folge der hausgemachten Klimaveränderungen erfordern diesen wichtigen Schritt. 2025 werden die Menschen dann auch durch Ringe am Finger, Armbänder oder Brillen kommunizieren.

Zwischen 2021 und 2051 muss mit der „Human Apocalypse“, der global-ökologischen Katastrophe mit rasant steigenden Meeresspiegeln gerechnet werden. Die zentralen Ursachen dafür sind längst bekannt: CO^2 Ausstoß aus veralteten Kraftwerken und Industrieanlagen, Flugzeug- und Automotoren. Wenn nur das westantarktische Festlandeis in den Ozean fließt, bewirkt das schon einen weltweiten Anstieg von knapp zwei Metern. Dazu kommt, dass sich erwärmendes Wasser ausdehnt. Zugleich könnte der Golfstrom versiegen. Bereits seit dem Jahr 2000 stieg die Welttemperatur um 5,3 Grad Celsius an und brachte die Polkappen und Gletscher der Erde nahezu zum Verschwinden.

Trotz aller Gegenmaßnahmen steigt der Meeresspiegel bis 2034 so stark an, dass voraussichtlich unvorstellbar große Landmassen im Meer versinken.

Die Niederlande und Bangladesh, Venedig, diverse Inselgruppen sowie große Teile des US-amerikanischen Ostens laufen, wie unzählige andere Gebiete, Gefahr, Opfer der Wassermassen zu werden. In Hinblick auf Sturmfluten gehört die Deutsche Bucht bereits jetzt zu einem der bedrohtesten Gebiete der Erde.

Tatsächlich setzen sich zahlreiche Staaten schon heute mit der Möglichkeit auseinander, dass eine Katastrophe ganze Völker unter die Erde zwingen könnte. Man hört, dass die USA, Russland und vor allem China seit Jahren wieder verstärkt atombombensichere Luftschutzbunker errichten. In Österreich existiert allerdings keine bundesweite Bunkerplanung - obwohl es in den 1970er Jahren in manchen Bundesländern die Verordnung gab, dass bei einem Hausneubau Bunker für die Bewohner errichtet werden müssen. Allerdings befindet sich unter einem Regierungsgebäude in der Radetzkystraße ein bombensicheres Asyl für mehr als 1.000 Personen. Allgemein dürfte Bunkerbau aber vorerst noch eher Privatsache sein.

Dennoch kann man damit rechnen, dass das Geschäft mit der Apokalypse international noch so richtig ins Rollen kommen wird. Private Unternehmen, wie die kalifornische Firma VIVOS, haben es sich zum Ziel gesetzt, ein Netzwerk unterirdischer Schutzräume zu errichten, in denen zahlungskräftigen Kunden die Möglichkeit geboten wird, eine nahende Katastrophe zu überleben. Wer sich bei diesem Projekt mit 25.000 $ beteiligt, kann Teilhaber an einem der VIVOS-Bunker in den USA oder Europa werden. Das ist mit dem Service verbunden, dort in „angenehmer Umgebung“ ein Jahr lang nach dem großen Knall ausharren zu dürfen.

Wenn die aus heutiger Sicht realistischen Prognosen tatsächlich eintreffen, verlieren bereits bei einer Klimakatastrophe Millionen Menschen ihre Heimat und werden zu Klimaflüchtlingen. Gleichzeitig nehmen eine Ausdehnung der Wüsten, Dürren, Waldbrände und Insektenplagen gigantische Ausmaße an. Ein Großteil der Menschheit sieht sich daher einer Hungersnot gegenüber. Ausreichende Ernährung wird bis 2041 nur reichen Menschen in den großen Industrieländern möglich sein. Durch den einsetzenden Geldmangel kommt die Industrie fast völlig zum Erliegen. Dann machen Heere aus Millionen an Arbeitslosen ihrem Frust und Ärger mit gewaltbereiten Krawallen Luft.

Bis 2047 kommt es zum Versiegen der letzten Erdöl- und Erdgasreserven, und auch das Kupfer wird immer knapper. Eine gigantische Energiekrise nimmt ihren Lauf. Es herrschen desaströse Zustände wie nach dem Zweiten Weltkrieg. Plündernde und hamsternde Meuten ziehen durch die Lande und kämpfen ohne Rücksicht um ihr Überleben. Bis 2050 gerät auch die Gesundheitsversorgung weltweit in arge Bedrängnis.

Seuchenherde mit Tuberkulose, Diphtherie und Malaria brechen selbst in Mitteleuropa aus. Nach rund 10 Monaten sind bereits alle Medikamentenvorräte aufgebraucht. Das darauffolgende Massensterben ist mit keinem Krieg, der jemals zuvor stattgefunden hat, vergleichbar. 1,5 Milliarden Menschen verlieren in diesen Jahren ihr Leben, womit fast 20 Prozent der Weltbevölkerung ausgelöscht werden.

Doch langsam erinnern sich die Menschen wieder an die alten Warnungen und Vorhersagen der ökologischen Bewegungen wie die „Agenda 21", die als grüne Spinner verlacht wurden - genau so wie Albert Schweitzer und der Dalai Lama. Jetzt ruft man die Menschen verzweifelt um Hilfe, die einst die Ursachen der Katastrophe erkannten und längere Zeit über die Auswege der Krise aufzeigten. Die freien Organisationen hatten inzwischen nach der Weltherrschaft gegriffen. In den 2050er Jahren werden die Regierungen der meisten Länder gestürzt und durch vorläufige Krisenregierungen ersetzt.

Diese setzen sich aus Umwelt- und Menschenrechtsorganisationen zusammen. Und deren Vertreter sind vielleicht die integersten und engagiertesten Politiker aller Zeiten. Dennoch lässt sich eine Demokratie nicht realisieren, um die Welt in diesen schweren Jahren zu regieren. Daher kommt es zu einer Diktatur der Vernunft. Das nackte Überleben der Menschheit und die Sicherung der letzten Ressourcen der Natur erlangen höchste Priorität.

Vom Ende der 2050er Jahre bis etwa 2075 besteht eine Welt der traurigen Erinnerungen an vergangene Zeiten mit einer natürlichen Vielfalt und einem blühenden Leben. Erdrückend lastet dabei die Schuld, welche die Menschheit auf sich geladen hat. Und dennoch keimt langsam wieder Hoffnung auf. Und zwar auf eine Welt mit lebenswerter Zukunft. Verbrechen gegen Kinder werden mit einer uns heute unbekannten Härte bestraft.

Auf verbrannter Erde und den Trümmern der Vergangenheit wagt eine neue Menschheit den Versuch, auf vernünftige Weise und in Einklang mit den anderen Lebewesen den langen Weg der Evolution fortzusetzen. Im letzten Viertel des 21. Jahrhunderts findet der Mensch wieder das rechte Maß und hört endlich auf, falschen Zielen nachzujagen. Er erkennt das Dasein als ein großes Ganzes und versucht, eine Kultur zu schaffen, die sich harmonisch in den Kreislauf des Universums einfügt.

Etwa jedes Jahr entsteht in der Milchstraße irgendwo eine neue Sonne. Und manche davon bildet auch ein Planetensystem aus. Unser Sonnensystem ist etwa 4,550 Milliarden Jahre alt. In der Milchstraße gibt es Sonnen, die mehr als doppelt so alt sind wie unser Sonnensystem. Daher war die Bildung der Sonne, der Erde und der anderen Körper unseres Sonnensystems ein durchaus lokales Ereignis. Unser blauer Planet wird noch über Hunderttausend Jahre benötigen, bevor er wieder in der Unversehrtheit und Vielfalt erblüht, wie das vor Regentschaft des Menschen der Fall war. Auch wenn dieser Zeitraum unendlich erscheint, ist er nur ein relativ kurzer Moment in der bereits sehr lange andauernden Evolution unserer Erde.

In weniger als hundert Jahren werden die Menschen ein Durchschnittsalter von 120-140 Jahren erreichen. In diversen Ländern demnächst hinaufgesetzte Pensionsantrittsalter stellen sich daher schon bald als zeitgemäß heraus. Ein Fünfzigjähriger wird im nächsten Jahrhundert nicht einmal noch seine Lebensmitte erreicht haben. Aber seine Lebensweise wird sich sowohl körperlich als auch geistig von unserer jetzigen ziemlich unterscheiden. Heute leben wir 50, 60 Jahre, um überhaupt erst zu lernen, was das Leben eigentlich ist. Wenn wir dann versuchen, dieses elementare Wissen in die Tat umzusetzen, ist es meistens zu spät, da unser Körper schon gebrechlich geworden ist. Und das ausgerechnet zu einem Zeitpunkt, ab dem wir alle positiven Erkenntnisse endlich nützen und genießen könnten. Damit ergibt sich eine sehr interessante Zukunftsperspektive.

In diesem Sinne wird auch Pillen schlucken allmählich aus der Mode kommen, denn wer mit der Zeit geht, inhaliert künftig seine Vitamine. Das „LeWhif Vitamin“ gilt bereits als erstes Präparat, das eingeatmet werden kann. Es wurde vom Harvard-Forscher David Edwards entwickelt, der auch „Schnief-Schokolade“ und „-Kaffee“ schuf, mit denen der Verdauungstrakt umgangen wird und die Wirkstoffe über die Nasenschleimhaut direkt in den Blutkreislauf gelangen. Während man über diesen Sinn zwar streiten kann, kommt damit aber lebensrettenden Medikamenten, wie etwa Insulin, große Bedeutung zu.

Selbst für verlorene Gliedmaßen ist künftig biologischer Ersatz denkbar. Wenn Sie jetzt fragen, ob uns Hände und Füße bald nachwachsen, liegen Sie damit gar nicht mal so falsch. Therapeutische Ansätze für die Neubildung menschlicher Körperteile sind auf längere Sicht gesehen tatsächlich denkbar. Dazu müssen aber noch die molekularen Geheimnisse der Regenerierung vollständig entschlüsselt werden. Dass ein bestimmtes Gen die Zellvermehrung und Gewebebildung steuert, ist den Wissenschaftlern des DFG-Forschungszentrum für regenerative Therapie Dresden und des Max-Planck-Instituts für Entwicklungsbiologie in Tübingen schon heute bekannt.

In den Wurzeln von Weisheitszähnen fand man bereits eine bestimmte Form an Stammzellen, die sich als unbedenklicher Gewebeersatz programmieren lässt. Diese Zellen ähneln embryonalen Stammzellen, aus denen mehr als 200 Arten an Körperzellen entstehen. In diesem Zusammenhang wird es bereits jetzt als sinnvoll erachtet, seine gezogenen Weisheitszähne vorsorglich einfrieren zu lassen und auf diese Weise für eine mögliche spätere Verwendung zu lagern.

Elektronisch gesteuerte Beinprothesen sollen Gelähmte schon bald wieder gehend machen, und Gehirnimplantate werden Epileptikern helfen, ihre Anfälle unter Kontrolle zu halten. Unter Umgehung des Auges gelangen optische Eindrücke zur Übertragung an Blinde. Bei Gehörlosen soll das Chochlea-Implantat in der Gehörschnecke direkt den Gehörnerv reizen und für die fehlende Akustik sorgen. Selbst Schizophrenie lässt sich in Zukunft heilen. Vielen Menschen wird es somit künftig ermöglicht, ihren unzulänglichen Körper zu verbessern und ihre Lebensqualität zu erhöhen. Medizin und Forschung stehen Fortschritte bevor, die wir uns heute nicht einmal annähernd vorstellen können. Man wird sowohl alt bekannte Krankheiten heilen, als auch solche, die wir derzeit noch gar nicht kennen.

Dennoch geht es darum, den Menschen auch in ferner Zukunft mit all seinen Schwächen und Bedürfnissen als Ganzes zu sehen, dessen Ziel nicht die höchste Perfektion werden soll und darf. Daher bleibt zu hoffen, dass trotz aller bahnbrechenden Fortschritte und Entwicklungen das Wesen der Menschlichkeit auch weiterhin die Akzeptanz seiner Unvollkommenheit sein wird.

Gerhard Fürsatz

ist seit Jahren als Marketingfachmann bei IBM Österreich tätig. Schon als junger Mann schrieb er zahlreiche anerkannte Liedertexte und Hörspiele, die im gesamten deutschsprachigen Raum publiziert wurden. Auch ein Theaterstück, eine humorvoll-besinnliche Komödie stammt aus seiner Feder. Seine eigenen Beziehungserfahrungen, Beobachtungen und Recherchen fasste er in vier erfolgreichen Partnerschaftsbüchern zusammen.

Nachdem im Jahr 2000 bereits der Vater und 2009 die Mutter von Gerhard Fürsatz verstarben, war es für ihn ein tiefgreifendes Ereignis, 2010 auch unerwartet seinen Bruder zu verlieren. Dieser Schicksalsschlag veranlasste ihn schließlich, sich mit dem Leben, dem Sterben und der Möglichkeit eines Lebens nach dem Tod intensiv zu beschäftigen. Den Horizont des Lebens vergleicht er dabei mit dem Weg eines Menschen, den dieser bei seiner Geburt antritt und mit dem Erreichen des Horizonts beendet.

Damit möchte er allen, die sich wie er selbst zahlreiche Fragen über das Leben, aber auch über das Danach stellen, interessante Einblicke, Perspektiven und Antworten bieten. Das betrifft sowohl unsere heutige Gesellschaft und die wirtschaftliche sowie ökologische Entwicklung, als auch die Zukunft der Menschheit und die Phase nach dem Tod. Der Leser erhält die Möglichkeit, in diese wundersame Welt der Betrachtung von Leben und Sterben einzutauchen und völlig neue Eindrücke und Erkenntnisse zu gewinnen. An ihm liegt es dann, sich sein eigenes, ganz persönliches Bild davon zu machen und die für ihn passende Antwort zu finden.

Buchempfehlungen

Wie er und sie gemeinsam glücklich werden
Gerhard Fürsatz, novum Verlag, Österreich

Abenteuer Partnerschaft
Gerhard Fürsatz, Re Di Roma Verlag, Remscheid, Deutschland

Ein Königreich für einen Text
Gerhard Fürsatz, Re Di Roma Verlag, Remscheid, Deutschland

Leben nach dem Tod
Dr. med. Raymond A. Moody, Rowolt Verlag GmbH, Reinbek bei Hamburg, Deutschland

Über den Tod und das Leben danach
Elisabeth Kübler-Ross, Verlag Silberschnur, Deutschland

Bilder zur Geschichte des Todes
Philippe Ariès, Hanser Verlag, Deutschland

Das Abendländische Totenbuch
Dr. Engelbert Winkler, Corona Verlag Hamburg

Leben vor dem Leben
Helen Wambach, Wilhelm Heyne Verlag München

Auch Sie können wieder jünger werden
Dr. Norman W. Walker, Mosaik bei Goldmann

Quellenhinweise

P.M.-Redaktion, GRUNER + JAHR & Co KG,
Druck- und Verlagshaus, Verlagsgruppe München

Wunderwelt WISSEN, GRUNER + JAHR & Co KG,
Druck- und Verlagshaus, Verlagsgruppe München

lebensweise, Magazin für ganzheitlichen und gesunden Lebensstil,
ampuls-verlag OG, Wien

KURIER/Telekurier Online Medien GmbH & Co KG
1070 Wien

Krone Multimedia GmbH & Co KG,
1190 Wien

Mag. Sabine Standenat, Psychotherapeutin,
1160 Wien

ÖAMTC - Österreichischer Automobil-, Motorrad- und Touring Club, 1010 Wien

DIE WIENERIN, Styria Multi Media Ladies
GmbH & Co KG

Frank Baldus und die Cronenberger Ranger, Deutschland

Fotos:
Gerhard Fürsatz sowie
Seite 19: © Natalia Rashevskaya, Fotolia,
Seite 38: © dancerP & AF Hair, Fotolia
Seite 85: © fotosergio, Fotolia
Seite 96: © Gina Sanders, Fotolia
Seite 112: mit freundlicher Genehmigung der Körperwelten (Institut für Plastination e.K.. 69126 Heidelberg, Deutschland)
Coverfoto, Illustrationsfoto Kapitel 4, 11, 14, 15: Corel Draw Suite X4